现代群众文化工作
与非遗保护传承研究

张英超　王娜娜◎著

吉林文史出版社

图书在版编目（CIP）数据

现代群众文化工作与非遗保护传承研究／张英超，

王娜娜著 . -- 长春：吉林文史出版社，2024.8.

ISBN 978-7-5752-0537-5

Ⅰ. G249.2；G122

中国国家版本馆 CIP 数据核字第 20243SR039 号

XIANDAI QUNZHONG WENHUA GONGZUO YU FEIYI BAOHU CHUANCHENG YANJIU

书　　名	现代群众文化工作与非遗保护传承研究
作　　者	张英超　王娜娜
责任编辑	张　蕊
出版发行	吉林文史出版社
地　　址	长春市福祉大路 5788 号
网　　址	www.jlws.com.cn
印　　刷	北京四海锦诚印刷技术有限公司
开　　本	710mm×1000mm　1/16
印　　张	13.5
字　　数	206 千字
版　　次	2025 年 3 月第 1 版
印　　次	2025 年 3 月第 1 次印刷
定　　价	58.00 元
书　　号	ISBN 978-7-5752-0537-5

前　言

　　随着社会经济的快速发展，人们对于精神文化生活的需求越来越高，非遗已经成为中国对外文化交流的重要载体。群众对于非遗的保护意识逐渐增强，使群众文化工作在现代社会的重要性日益凸显。本书旨在深入探讨现代群众文化工作的新特点、新要求，以及非物质文化遗产保护与传承的内在逻辑和实践路径，为推动我国文化事业的发展贡献智慧和力量。

　　本书首先通过对文化与群众文化的基本认识，揭示群众文化建设的形态与环境，明确群众文化工作的任务与要求，以及工作的原则与规律。其次聚焦于群众文化活动的具体操作层面，分别介绍活动的策划与组织、分类管理与创新，以及辅导工作的原则、流程、形式和方法。然后转向非物质文化遗产的保护传承领域，探讨非遗保护的理念、标准、动力及方法，以及非遗在群众文化活动中的作用和现状，提出有效的整合策略。最后以镇平县为例，探讨群众文化促进非遗保护与传承的地区实践。

　　本书力求理论与实践相结合，既有深入浅出的理论阐述，又有生动具体的案例分析。本书注重将抽象的理论知识转化为具体的操作指南，使读者能够在理解群众文化工作和非遗保护传承的基础上，掌握实际工作的方法和技巧。

　　本书在编写过程中得到许多专家、学者的帮助和指导，在此表示诚挚的谢意。由于笔者水平有限，加之时间仓促，书中所涉及的内容难免有疏漏之处，希望各位读者多提宝贵的意见，以便笔者进一步修改，使之更加完善。

目 录

第一章　群众文化基础及工作原理阐释

第一节　文化与群众文化的基本认识

一、文化的基本认识

文化是一个涵盖人类社会各方面的广泛概念，它不仅是物质的创造，还包括精神价值的塑造和社会实践的体现。文化既是历史的积淀，也是创新的源泉，它不断在继承和发展中与时俱进，影响着人类社会的方方面面。

（一）文化的本质

对于文化的本质是怎么样的有很多种说法、理论，在众多的说法中有一种占据了主要的引领地位，该说法认为文化也就是人化。

文化的发展离不开人类的参与，而且文化是人类与社会之间的分界线。文化属于人类的特点，文化具有种类的分别，不同种的文化显示人们在智力、思维方式和价值观念、审美情绪上的不同。虽然文化与人类密不可分，但是文化并不是人类的本质，人是处于变化之中的，不像文化是属于亘古不变的抽象存在。人类在进行心灵和观念的展示之前，必须先获得心灵精神和观念概念。所以，对于人类和文化之间关系的考量，应以人的社会属性和实践性为中介，以此为出发点，可以将文化回归到人的本质、人的自我意识和人的理智上；以此为出发点，可以说明文化是人类精神世界和人类创造力的来源，也可以说明在进行精神活动时，人会受到社会的制约和文化延续性的影响。

文化应注重对自身的研究，在文化的范围内研究文化的特点和规律，将文化和人分离开来，用文化的观点来解释文化的内涵，探讨文化的延续性、继承性。该观点认为文化应是独立的，不依赖人的，与人的精神世界分隔开的，是一个绝对的自我的世界。这种观点推崇用文化解释文化论，将文化与人类之间存在的合理性认识变成谬论，然而实际情况是文化如果脱离人类，就像无源之水。文化和其他的社会存在比如经济、政治是一样的，一旦脱离了人的范围就会变成无本之木。

如果想了解文化的实质需要客观地、尊重实际地看待人和文化之间的关系，应摆脱用文化解释文化的怪圈，将文化看成多元的、整体的观念形态，将学识、信仰、品德、习俗、艺术看成文化的组成部分。文化的产生离不开人，与此同时，文化会受到固定形态下的人的影响，人为了适应以及改变自己所处的环境，会通过主动或间接的方式影响文化的产生。

（二）文化的功能

1. 创造功能

文化的形式是多种多样的，内在是复杂的。不同的社会文化有不同的性质，比如在阶级社会中文化具有阶级性，在无产阶级社会中，具有无产阶级性，有的文化还涉及政治性。无论在何种阶级社会中，只要文化占有主导地位，那么文化必然会有维护社会安定、延续社会存在的作用，作为社会的精神支柱，文化体现社会的阶级性以及政治性。

文化不同于人的生物遗传延续，文化属于社会遗传。文化的社会遗传的方式决定文化的发展必然会与社会制度相一致，从而达到维护社会稳定的目的。

文化之所以会具备维护社会稳定的作用，是因为虽然文化受到人精神的作用，但是文化以语言和其他的物质为载体，通过载体可以将个人意识和主观精神转变为社会意识和客观精神，进而形成独特的社会文化环境。每个人的生活环境都会受到社会阶级体系的主导，这种由环境产生的影响，对人的成长会产生至关重要的作用。人的成长过程也就是感受社会文化环境的过程，如社会上的风气、家庭的氛围、学校的教育等，通过耳濡目染，人被社会同化。而且文化会在社会中形成强有力的制约，处在文化圈层中的人因为长时间受到文化的熏陶，会对环境产生依赖和习惯，感受不到制约的力量，但是一旦脱离这种习惯的氛围，产生与这种文化氛围对抗的想法，文化的约束就会显现出来，而且会被受文化影响和制约的人视为反叛者。因此，文化建设的主要目的是增强人类对自身文化的认同和归属，强化国家青年一代的文化认同。

2. 建设功能

我国当前正处在社会主义市场经济深入发展与转变期，文化建设处于一个新的变化环境之中，因此市场经济文化建设需要得到重视。

社会主义市场经济的建设是符合社会主义发展需要的，也是符合社会主义文化观念的，而且经济的建设对文化的建设有促进作用，在本质上都属于社会主义性质。当前我国的文化建设并不是建设成工业文化，也不是建设成具有市场经济特点的经济文化，而是建设成与社会主义制度相一致的文化。除此之外，文化形态与我国的经济政策、政治观念相吻合。

社会主义文化的建设应以社会主义为基础，在经济建设中文化应与经济建设相吻合。就我国的实际情况而言，社会主义经济的建设应明确公有制的主体地位，通过公有制实现国家对经济市场的调节。社会主义市场经济的建设不能只谈经济而脱离社会主义，社会主义经济的存在，必须依赖于社会制度，没有独立的、抽象的经济存在形式。社会主义国家实行社会主义市场经济，资本主义国家实行资本主义市场经济，资本主义市场经济和社会主义市场经济是本质不同的经济形式。如果将社会主义市场经济应用于资本主义国家，那么会产生巨大的发展矛盾，反之亦然。所以市场经济的建设必须与社会制度的性质相一致。资本主义市场经济追逐的是利益最大化，与我国社会主义市场经济的性质是相违背的。不仅如此，即使是在资本主义市场中，健康的资本主义市场与资本主义市场经济之间也存在明显的矛盾。社会主义市场经济对市场有调控和制约作用，但是市场经济也有一定的自主性。社会主义文化的建设既可以有效促进市场经济的崛起，又可以有效解决市场经济的负面效应。我国社会主义文化的建设和完善工作的关键在于坚决拥护党的领导，坚决贯彻落实有关社会主义文化建设的具体方针和政策。

市场经济条件下的文化建设，相较于计划经济下的文化建设，有了积极的发展。市场经济给文化事业带来更多的资金；一定程度的物质利益可以带动人的主观能动性和积极性，激发人的创造潜能；一定程度的竞争可以促使优秀的人才和作品出现，打破以往的平均主义；文化的组织化、产业化发展为文化提供新的市场，对文化产品的交易和文化的传播有促进意义。市场经济进入文化领域，可以拉近文化与群众的距离，文化与大众的近距离接触，对经济的发展无疑是有益的，对文化本身的传播而言也是不可多得的机遇。传统时代，文化只发生在少数人的生活中；当今时代，文化与大众亲密交流接触，给文化的普及和流传带来新的方式。

与此同时，市场经济可能会产生拜金主义，会给社会主义的文化建设带来一定的影响。在社会主义的文化建设过程中，应始终坚持文化建设的目标，也就是文化建设必须以中国特色的社会主义为基础，无论是我国社会的经济建设还是文化建设，都应遵从中国特色社会主义的建设目标。中国特色社会主义是社会经济形态、政治形态、文化形态的统领。社会主义推行市场经济目的是促进经济的发展和建设，提高广大人民群众发展经济的积极性、参与性和创造性，带动社会的生产，为社会主义的发展提供有力的保障。除此之外，经济的建设也是为了更早地实现社会的共同富裕，带领广大人民群众走在富裕幸福的道路之上。

（三）文化的特点

1. 时代性

文化的固有属性主要体现在文化的时代性方面。这一属性不仅决定文化的内容，而且影响文化的表现形式。当然，文化也具有进步性的特点，体现时代的先进性和社会的发展，遵循历史发展规律，会跟随时代的发展而发生相应的改变。文化反映所处时代的情况，反映的方面如果是先进的，符合社会发展方向的，那就是所处时代的精华。这主要是因为它们不仅可以反映出所处时代的发展方向，还能够体现该时代的主体部分，对某些问题的解决提供一定参考。

2. 阶级性

在不同的时代中，文化呈现出显著的阶级性特点，同时也会存在一些无阶级性的内容，如语言特点、风俗习惯等。这是因为文化是人类创造的产物，而人的本质又带有阶级性的特点，从而对人类的目的、感情、爱好以及品质等产生影响，并通过文化表现出来。另外，对于人文文化来讲，它不仅组成社会意识形态，还构成社会文化，并且还受到经济关系的影响。人文文化主要包含法律、政治学、哲学及道德观念等，这些内容可以反映所处时代的经济关系以及阶级之间的利益关系。

文化的阶级性主要受人类的阶级性所影响，会因为某些阶级立场以及利益关系的差异而有所不同。对哲学、道德及法律等这些文化内容来讲，它们不仅包括丰富的知识内容，而且还具有突出的意识形态。在阶级社会，社会文化主要反映统治者的思想，体现统治阶级的意识形态。统治者的思想对社会和文化形成、发展产生影响，群众则应遵循统治者的正确指示，在其指引下开展行动。

3. 变化性

文化的具体内容也会根据所处时代不同而有所变化。在资本主义之前的时代，各民族或国家的人民通常只活动在自己的领域范围，而缺乏人与人、人与外界以及民族与民族间的交流，因此在该阶段，现代性意义上的世界历史还没有出现，而只衍生国家内部历史。因此，这一时代的国家具有国家内部社会性和民族文化历史性两种特点。不同时代的文化特点主要由当时的生产力水平决定，生产力水平决定社会结构，继而影响精神、政治的产生。由此看来，探究文化的时代特点应分析当时所处时代的社会结构，通过研究社会的发展来分析文化的发展。

（四）文化的类型

1. 物质文化

构成文化基础的物质文化，是文化中活跃程度最高的因素。人类的物质生产行为带来的后果总和，统称为物质文化。作为人与自然之间关系的直接反映，物质文化是人类认识自然、利用自然、改造自然的效果呈现，人类为了自身的生存与发展，必须满足衣、食、住、行等方面的基本生活需要，为了实现这方面的目标，个体需要运用劳动工具发挥自身的工艺技术，从而影响、改变甚至改造传统的物质文化原初形态。人类在漫长的进化历程中，利用自然资源谋取个体的生存与发展条件，并将自然环境转化为丰富的物质文化，创造出层出不穷的物质文化产品，这正是物质文化起源与诞生的典型镜像。

物质文化久经时间的积淀，最终凝聚为精神文化、制度文化以及行为文化。我国传统农业社会形成的复杂宗法关系，围绕年龄、辈分与职业，形成群体中不同个体在衣、食、住、行等方面的差异化规则。

2. 精神文化

作为文化整体核心的精神文化，是在人类长期有意识的社会实践活动中，形成的总体社会心理意识，并具体表现为特定民族的道德情操、价值观念、思维方式、审美趣味、性格特点和民族情感等。

精神文化可以具体划分为两个层次，即社会意识和社会心理。其中，社会意识主要是指社会心理系统加工后的主要成果，既表现为思想、观念与信仰的定性归纳，又表现为社会存在的深刻反映与物化展示。社会心理指的是受物质文化影响以及制度文化约束，与行为文化具有互融、互相作用及联系，并且零散存在的大众心理。

民族与时代特点鲜明的精神文化，可以通过文学与艺术作品，反映特定时期个体的情趣追求与愿望需求。因此，文学作品的艺术风格与思想内容，必然反映作品诞生时代的精神文化。我国古代文学与近现代文学，都擅长以曲折的笔触描画生动的情节，用丰富的手段叙事创作伦理题材的文学作品。

3. 制度文化

社会活动的参与者，都必须妥善调节各种人际关系，由此形成社会成员普遍遵守并且共同认可的行为规程与办事准则，即社会正常运转所需的制度。人类在社会实践过程中，会约定婚姻家庭成员认可的法律制度，以及社会成员应遵守的其他经济制度等理念规范和行为准则。

具有主观意识的个体以社会实践为经验总结基础，创造出来的客观制度，会对社会成员的思想与行为产生制约效力。由此可知，文化系统中权威性最强的文化种类，就是规定文化整体性质的制度文化。

4. 行为文化

行为文化是制度文化时代内涵的直接反映，在更深的层面上，又会受到精神文化的影响和约束。人类久经社会实践的历练，形成复杂的人际关系，以及约定俗成的交往习惯，这种在日常生活中以风俗习惯形式出现的具有鲜明时代特点和民族特点的行为模式，就是行为文化。

约束社会成员个体行为的制度规范，既有可能是他律、有形并且强制性特点鲜明的物质实体，也有可能是自律、非物质性、毫无强制色彩的无形精神与内在良知。包含价值、道德与审美观念在内的行为文化，由于受到传统观念的长期浸染以及外来文化的深刻影响，会跟随物质文化的进步与发展以及精神文化的转变与更新，不断地发生变化。因此，时代特点显著的行为文化，具有与时俱进、常变常新的发展特点。

总体来说，分属于文化结构中不同层次的物质文化、精神文化、制度文化与行为文化，虽然各具特点，但却形成和谐融洽的有机整体。这些文化层次之间既相互联系，又具有显著差别，互依共存、相互制约、互相渗透地共同推动文化发展。

（五）文化与文明

文化正向的发展成果是文明，文化发展的前进过程由人类文明的发展进步体现出来。换言之，文明反映着文化的内涵，文化的内涵也能够反映出人类文明的进步。如果从社会形态的角度出发进行研究分析，文化与文明并不能等同。

文化是从社会结构角度出发而形成的概念。文化通过语言和其他的特定符号或者象征进行传播，包括人类在社会实践中形成的生活方式和行文规范以及不同的思想观念等，比如文学、风俗习惯、哲学和道德等。

文化是以观念的形式存在于人类文明之中。物质虽然不是文化，但是文化蕴藏在物质之中，物质可以变现文化的内涵。社会是由政治、经济和文化构成的。政治观念和经济观念能够体现文化，在不同民族和不同时代中会有先进或不同属性的文化存在。所以，文化多种多样，如进步文化、落后文化、革命文化等。

文明是文化发展的正向结果，能够体现社会进步的阶段，能够衡量社会是否进步。社会进步是各方面共同作用的结果，文明则包括精神文明、制度文明和物质文明等。

文明是文化发展的正向结果，可以是精神方面，也可以是物质方面的。文明通过传播可以被其他民族或者社会群体接受或者借用，精神文明从原生地传播到别的地方，其他地方的民族可以认同并接受这种思想观念。先进的技术和物质产品通过传播被其他民族所学习和应用，如中国的四大发明（指南针、印刷术、火药和造纸术）传播到世界各地，促进世界科技的发展。

世界是互通的，一个民族如果能够加强与世界其他民族的交流和学习，那么这个民族就能够快速发展和进步；如果一个民族拒绝与世界其他民族交流和学习，那么这个民族的发展会面临停滞，最终落后于世界其他民族。物质文明相较于精神文明更容易被传播、接受和借用。文明（精神文明和物质文明）传播的过程其实就是各民族文化交流的过程。物质文明中的先进技术和物质产品更容易被其他民族所接受，但是一个民族的思想观念、审美方式和价值观很难被其他民族所接受和借用。

文化具有民族性，社会制度和在社会实践中形成的文化传统决定着文化的性质，但是文明程度反映社会生产力水平的高低。虽然某些文明古国具有悠久的文化，是一些西方国家无法比拟的，但是一些西方国家的文明程度则远远高于那些文明古国，所以文明和文化既紧密联系，又有明显的区别。

文化正向的发展成果是文明，所以文化的地位非常重要。一个民族如果不具有发达的文化，就不会拥有发达的文明。虽然有的民族会学习西方的先进技术，但是因为文化水平较低，人的素质无法提高，虽然引进了先进技术但是无法应用，因此这些先进的技术和物质产品就失去了价值。民族与民族之间可以交流和学习，文化也可以引进和学习，但是要根据本民族的需求而学习，不能照搬照抄。一个民族既要继承和发扬本民族的优秀文化，还要学习其他民族的优秀文化，这样才能丰富和完善本民族的文化。从民族可持续发展和进步的角度分析，文化资源的重要性要高于自然资源。有的国家自然资源不足，但是仍然能够持续发展，有的国家自然资源丰富但是过于保守或者狂妄自大，因此使本民族的发展停滞不前。自然资源可以丈量，是有限的，但是文化资源能够持续增长，是无限的。所以，建设有中国特色社会主义是必要的、英明的、正确的。

二、群众文化的基本认识

(一) 群众文化的内涵

目前,群众文化的内涵还没有统一的界定,不同的学者有不同的看法,但核心概念都比较集中。综合各家观点可知,群众文化具备以下关键要素:第一,从时间上而言,群众文化有时间上的限定,即群众文化是人们职业之外的文化活动;第二,群众文化是以群众这一多数人为活动主体的,即大多数人共同参与和认同的才算是群众文化;第三,群众文化是以满足群众精神生活需要为目的产生的,主要体现为娱乐和社会支持的需要;第四,群众文化是一种非职业性的自我创造、自我参与、自我娱乐、自我开发的群体性、社会性文化;第五,群众文化这一自发文化逐渐加入政府主导因素,最终体现为一种被国家和社会所需要的公共文化;第六,群众文化涵盖的内容非常广泛,包括人民群众业余的一切文化活动,但从群众文化事业的角度划分的话,主要体现为文学艺术方面。总之,群众文化的内容应与国家的公共文化服务体系内容保持一致。

群众文化有独特的优势。首先,它不具有功利性,不以商业为目的;其次,它的参与者是普通群众,主体十分广泛。这就要求把发展群众文化作为提高全社会审美能力的有力手段。而作为社会主义精神文明建设重要组成部分的群众文化工作也应被重视。其范围广、对象多的特点决定群众文化是当代进行社会美育的有效手段。充分发挥群众文化的功能,特别是美育的功能,对社会的许多方面都具有重要意义:群众文化能够丰富人民群众的文化生活,能够培育社会文明风尚,更能够促进文化大发展大繁荣。

(二) 群众文化的特点

第一,非职业性。群众文化是人民群众工作之余的文化休闲活动,体现出非职业性的特点,这种非职业性的特点表现为文化活动的主体是非正式、非强制、非商业性的,人们以自愿的方式聚集在一起参与某些大家认同的文化休闲活动以达到娱乐身心的目的。需要注意的一点是,虽然群众文化是非职业性的,但不代表群众文化是非专业性的，因为某些具有艺术特长的群众通过成立协会的方式开展的文化活动是具有专业性的，甚至通过群众自发组织的文化活动可以有效传承中华民族的传统文化和技艺。

第二，群众性。群众文化必然具有群众性的特点，即某种文化必须被广大群众都接受和认可才能称为群众文化。群众性是相对个体而言的，即那些受众少、只在极少数人之间交流的文化不属于群众文化。当然，群众是一个相当宽泛的概念，可以将群众进行分割，再细分出更小群体的群众文化，即城市群众文化、乡村群众文化、老年人群众文化、青年群体群众文化、青少年群体群众文化等，不同群体内部的群众文化会有其各自的特点。"群体"体现为群众文化的产生路径是来自群体之间的互动和认同，是群众自我生成和创造的一种文化。

第三，社会性。由于群众文化是群体性文化，是人与人在互动过程中产生的文化，因此群众文化必然具有社会属性。群众文化的社会性决定群众文化对社会经济的发展具有不可避免的影响力和价值：好的群众文化可以促进经济社会的发展，不好的群众文化则会阻碍经济社会的发展。群众文化的社会性要求政府努力满足群众的基本文化需求，鼓励社会及群众积极开展有益身心健康的群众文化活动，并且对群众文化活动进行良性的引导和管理。

第四，自娱性。不同于学校教育的专业学科文化或者工作时需要的专业文化，群众文化是以满足人民群众自我娱乐为目的的文化；没有实用性和功利性的价值追求，因此具有很强的生机和活力，并且体现出很强的创新性的特点。

第五，传承性与时代性。相对于许多专业的知识，群众文化具有天然的传承性优点，群众文化可以通过天然的代际传递的方式得以延续。同时，由于群众文化是根植于群众生活之中的文化，具有很强的草根性和生命力，因此很容易得以延续和传承。群众文化也具有非常明显的时代性特点，即每一个时代都有其独特的群众文化，这种群众文化是与当时的经济、社会、生活习惯等相协调的。

第六，倾向性和可诱导性。群众文化的主体是由具有主观能动性的个体组成的，因此他们对文化艺术等文化活动的喜好是具有倾向性的，而这种倾向性也是对人们价值观念的一个侧面反映。群众文化的这种倾向性会形成群体的文化环境，给群体成员带来影响，从而影响成员个人的三观和文化休闲喜好，也会间接影响经济社会的发展。同时，群众文化的这种倾向性是可以进行诱导的，通过积极引导和激励，群体文化活动的倾向性可以发生转变，比如通过开展厨艺大赛、广场舞比赛、摄影大赛等活动，可以激励人民群众锻炼厨艺、参与跳舞和摄影，逐渐改变群众文化活动的倾向性。正因为群众文化具有倾向性和可诱导性，所以，政府部门应在提供公共文化服务的同时对群众文化活动多加引导，增强群众文化对经济社会发展的影响力。

（三）群众文化的功能

第一，文娱功能。群众文化通过丰富多样的社交活动，提供娱乐休闲方式，增进人们的身心健康。这些活动通常不设参与条件，如人数或年龄，而是基于个人意愿。群众文化活动有助于构建社交网络，缓解生活压力，提升幸福感，尤其是对老年人群体的生活质量的提升具有积极意义。

第二，团体协作功能。群众文化活动中，如婚礼、升学宴等社会仪式，通常包含自发组织的文化表演，如唱歌、乐队表演等，这些活动展现强烈的组织性和协作性。团体协作不仅限于表演，还包括文化活动的策划、排练等环节，从而有效提升参与者的团队合作能力。

第三，智力启迪功能。群众文化通过多样化的娱乐方式，激发参与者的智力发展，包括感知记忆、抽象概括、想象和创造力。群众文化活动，如集邮、棋类游戏等，能够开阔视野，增强鉴赏和逻辑思维能力，同时提供智慧和人生哲理的启发。

第四，传授交流和社会教育功能。群众文化作为一种社会知识和经验的传承载体，促进代际间的知识传递。其娱乐性和传播性特点，为不同背景的参与者提供传授和交流经验的平台，实现社会教育的功能。

第五，传播功能。群众文化活动作为信息传播的媒介，在参与者间传递信息、思想和观念。活动参与者作为信息的载体，在文化互动中实现信息的交流和传播。

第六，陶冶性情功能。群众文化对参与者的性格、思想、情操和修养产生积极影响。文化活动结合娱乐性和思想性，使参与者在审美体验中领悟人生道理，提升意志力，达到性情陶冶的目的。

第七，规范行为功能。群众文化中蕴含的社会道德、法律、文化传统和民族风俗等元素，对参与者的行为具有规范作用。在参与文化活动的过程中，参与者不自觉地接受这些社会准则的规范。

第八，精神调剂功能。群众文化通过提供娱乐休息、情感宣泄和审美体验，帮助参与者实现情绪和心理状态的平衡。这包括宣泄情感功能，即通过文化活动调节情绪；以及审美功能，即通过审美体验提升精神状态。

第九，团结凝聚功能。群众文化通过促进参与者间的情感交流和共识形成，增强社会团结和凝聚力。这包括激发、吸引和沟通功能，分别促进积极的社会行动、吸引广泛参与和提高人际沟通效率。

▶ 第二节　群众文化建设形态与环境分析

一、群众文化建设形态

（一）城市群众文化

城市群众文化是指在城市地域内形成、以适应异质性非农业人口多层次文化生活资料消费需要的一种社会性文化。群众文化的历史告诉人们，代表新兴生产力的群众文化的优秀成果，大都在城市得以产生、保存和传递。从这个意义上而言，城市群众文化的形成，显然离不开城市的兴起和发展。城市是人口集中、工商业发达、居民以非农业人口为主的地域，通常是周围地域的政治、经济、文化的中心。人口密集、交通方便、经济繁荣、文化发达是城市的基本特点。于是，与此相适应的城市群众文化也逐渐成为联系不同职业阶层的城市居民精神生活的纽带，同时将每个触角渗透于个人生活的各个方面。

（二）乡镇群众文化

乡镇群众文化是指介于农村和城市之间的行政建制镇形成、以兼容非农业居民和农业居民的文化需要为主体的，并且吸收和消化城市群众文化后的一种社会性文化。

乡镇地处城市和乡村之间，乡镇群众文化在城乡物质、文化交流的网络中具有桥梁作用。乡镇群众文化体现着城市和农村两种文化的结合与交融，既有所处农村地区的"农村群众文化"的特质，也有从城市接受的"城市群众文化"的因素，两者根据乡镇的特点融为一体，形成乡镇地域别具一格的群众文化体系。由于乡镇居民大多是新近从农村转移而来的，他们的文化生活方式和价值观念自然带有农村特色。同时在较为接近现代的生产方式和城市群众文化辐射的影响下，乡镇群众文化往往根据自己的条件和需要，将城市的文化生活方式加以改变后而采用。这种"转换"对促进城市文明向农村渗透有重要的意义。

乡镇群众文化的形成，还要依赖乡镇的形成与发展。乡镇，又称为小城镇，是具有一定人口规模并聚集着一定规模的非农业活动的聚落。乡镇一般是在集市的基础上发展起来的，至今已有漫长的历史。乡镇的发展拓宽了群众文化的活动区域，丰富了群众文化的内涵，也使一种新的文化类型——乡镇群众文化脱颖而出。

（三）农村群众文化

农村群众文化是指聚集在农村地域范围内的社会成员在农业生产劳动中形成的一种社会性文化。农村群众文化作为群众文化的一个子系统，有其相对独立的构成要素。

第一，它的群体是以一定的农业生产关系与其他社会关系为纽带组织起来的，具有一定数量规模的、自觉参与群众文化活动的人群。

第二，人群进行群众文化活动的场所是具有一定规定范围的农村地域或农民群众参与文化活动的聚集场所。

第三，它有一整套相对完备的、可以满足大多数农民基本精神生活需要的文化生活服务设施。

第四，它有一系列相互配合的、以满足农民群众文化生活需要的制度和组织。

第五，农民对所占有的文化消费具有在生理和心理上的认同和归属。

而在具体理解以上这五个要素时，运用同一事物中不同组合成分之间相互作用、相互依存的观点。其中，人群是农村群众文化的主体。

中国属于发展中国家，又是农业大国，因时因地产生的属于中国农村群众文化范畴的一些文化形态，与农村经济基础状况相适应，并且暴露出先天的自发状态的不确定性、不稳定性、封闭落后性。

由于有了农业经济诸方面客观因素的相互作用，中国的农民群众日益感到一般的物质生活的实惠不再成为他们在日常生活中所追求的唯一目标，而科学技术、文化教育成了他们日益增长的生活需要。由此可知，农业地域的发展突出表现在以专门从事农业经济活动的农业人群的形成，而农村中不断发展的新的经济基础，恰恰又成了农村群众文化得以客观存在的条件。

（四）家庭群众文化

家庭群众文化是以单个家庭构成的，或以一个家庭的成员与另一个家庭的成员之间在自由时间里从事的、具有群体性文化娱乐活动为特点的一种社会性文化。家庭群众文化的特殊作用是联络感情、增进团结、互帮互助。作为社会的生活组织形式的家庭，既反映社会经济基础的特点，也反映社会上层建筑的特点。它同整个社会形态，首先是与经济基础有着内在的、密切的联系。它的职能、性质、形式、结构，以及和它相联系的伦理观念、道德观念、法律观念和文化观念，会随着生产方式的变革而变化。根据家庭反映社会上层建筑的特点，家庭与群众文化又有着密切联系。

从古至今，不论人们的年龄、性别、教养、生活条件、社会地位、风俗习惯有何不同，总是对文化各有所求。特别在紧张的生产劳动之余，都需要有轻松、愉快、生动活泼的文化生活做调剂，以满足自己的文化需要，同时表现为以家庭为单位参与社会性的文化创造活动和家庭成员自娱自教的需要。

家庭成员都是群众文化活动的欣赏者或参与者，无论老、中、青、少、幼，都需要相应的文化生活；家庭的生育功能、教育功能、感情功能、保障功能及其经济功能，类似于群众文化不同的社会功能。所以，自从家庭形成以后，作为上

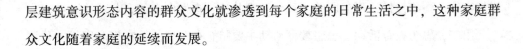

层建筑意识形态内容的群众文化就渗透到每个家庭的日常生活之中，这种家庭群众文化随着家庭的延续而发展。

（五）校园群众文化

校园群众文化是指以满足学生精神生活需要为目的、以文化艺术活动为主要内容的一种社会性文化。校园群众文化是随着人类社会教育制度的确立而逐步形成的。

校园群众文化是校园文化的一个要素。因而，校园群众文化不等于一般观念中的"课外活动"与"第二课堂"，也不能把它仅仅理解为学生课外的文化艺术活动。校园群众文化的主体是学生和教职员工，活动方式是自我进行的，教职员工在群众文化活动中起指导作用。学生和教职员工参与文化活动是为了获得精神需要的满足，以及身心健康的全面发展。校园群众文化是一项系统工程，包含着文化政策的制定、文化设施的建设、文化组织的建设、文化活动的开展及文化理论的研究等。其中，学生的文化活动是校园群众文化的核心内容。

（六）企业群众文化的形成

企业群众文化是随着企业文化的产生而形成的。企业群众文化是指通过企业员工的积极参与、自我娱乐、自我发展，促进企业员工身心愉悦，陶冶企业员工情操，使企业员工获得知识的文化。通过企业群众文化建设，可提高企业员工之间的凝聚力，培养企业员工的价值观、工作态度和精神信任，尊重和规范员工的行为。

企业群众文化是企业文化的一个要素、一种文化类型，它是企业文化的外在表现形式。企业群众文化的主要内容有两个方面。

第一，文化娱乐活动。文化娱乐活动是指企业开展的各种文化体育联谊活动，以及带有文化娱乐性质的庆典活动和传统民俗风情活动。例如企业举办的运动会，车间部门之间进行球类和棋类比赛，单位组织的节假日旅游、交谊舞会、周末俱乐部、文艺演出、联欢晚会，以及其他各类业余兴趣小组、摄影小组、影评小组、集邮协会等。它们有助于丰富和调剂职工生活，有助于沟通彼此感情、增加交往、陶冶性情，形成团结一致、和衷共济、奋发向上的企业精神风貌。

第二，思想教育活动。思想教育活动主要指企业开展的旨在提高职工文化素质和思想觉悟的各种活动，包括观念宣传、文化学习、树立模范等。观念宣传特指企业对自己的价值观念、企业精神、经营原则、目标宗旨、历史传统等内容进行宣传教育的活动。文化学习是企业对职工进行的科学文化知识、法律法规常识、专业技术知识、政治经济形势等普及宣传活动。在企业的思想教育活动中，模范人物是企业精神的缩影和企业价值观念的化身。通过学习模范，广大职工可以身边的人物为榜样，学习和体验企业群众文化的实质含义。学习本企业本单位先进模范人物是开展思想政治工作和实施企业群众文化建设的有效手段和途径。

企业群众文化是一种潜在的生产力，是激励企业求生存、图发展的精神源泉。它可以把企业内部职工的聪明才智充分发挥出来，提高科学技术水平；它可以调动企业内部进行技术革新的积极性，促进企业内部挖潜、改造，采用新工艺、试制新产品，使企业朝着高新技术方向发展；它可以发展企业与企业之间的专业化协作关系，使企业布局和产品结构更加合理；它可以促进企业引进和消化国外先进技术，提高企业内部的劳动生产率，提高产品质量，降低生产成本；它可以提高企业内部的经营管理和企业全面质量管理的水平。

二、群众文化建设环境分析

（一）自然环境

自然环境指的是人类赖以生活的地理和生物方面的周围境况，一般由天然地势、地貌、资源以及气候等因素组成。人类的活动都是在一定的地理环境中进行的，群众文化是人类创造的一种文化现象，因此也必然无可回避地受到自然环境的影响。

1. 群众文化存在的基础

群众文化不可能摆脱时空上的自然条件的制约，它必定要以地理环境为存在前提。不同地域的气候、地形、土壤、河流、植被等自然条件，都会是群众文化的形式和内容赖以存在的自然生态环境，作为人类活动的群众文化所需要的一切物质养料都取之于自然。

群众文化要生存发展，它的形式和内容必须适应自然环境，饮食、服饰、居舍、交通运输工具等生产样式和休养生息习惯，都直接受自然环境的影响，而这些样式特点直接影响到人们的文化生活，使人们对文化生活的形式和内容做出既适应当地自然环境，又适应人们生活习惯和心理特点的选择。群众文化的形式和内容，都是和当地的劳作方式和生活方式分不开的。归根结底，这种劳作方式和生活方式又是由自然环境来决定的。

2. 群众文化特色形成的关键

群众文化特色，指的是某地域内群众文化独特的个性，是某地域人们的生产方式和生活方式等情况在文化生活上的外化。群众文化的特色是自然环境特色的折射和延伸。由于自然环境的差异性和自然产品多样性的影响，各地域的劳动内容、劳动方式、劳动分工和生活方式、经济状况都会产生很大的差异，就会形成各自然区域内人们独特的心理定式，这使群众文化在活动形式、表现手法、蕴含内容、欣赏习惯等方面都烙上本区域的印记，而表现出有别于其他区域的特色来。

草原文化、海岛文化、山区文化、水乡文化等群众文化各具特色，其特色的形成无不以其地理位置和自然环境作为先天条件。自然环境的区域性是一个较为复杂的概念，各大区域的自然环境又由各种小区域的自然环境组成；各小区域的自然环境也不尽相同，如同高原地区，里面也有山区与平原之别、山村和水乡之分，其中的生产方式、生活习惯、文化传统也各有差异，群众文化的形式、内容自然是异彩纷呈，各具特色的群众文化活动也就千姿百态。同时，自然环境还通过人类意识、物质生产及技术系统的中介作用，给各国、各民族、各地区的文化类型奠定物质基础，也给各自然区域的群众文化带来"文明类型"的鲜明特色。

各地域与自然环境相适应的群众文化，势必适合并吸引更多群众的参与，从而增强社会群体的凝聚力和向心力，促使人文与自然的复合，在一定程度上改变着自然环境。比如一些峻奇怪险的山林、洞壑、泉流，一旦与人文相结合，形成独特的群众文化——旅游文化后，这些自然景观不仅给这一地域带来知名度，而且还会在经济上造福一方；而经济上的增长，势必会带来铺路架桥，庙宇亭阁、摩崖石刻等一系列的建设，使人类的审美理念与自然佳境浑然一体，又成为自然环境的组成部分。在这里，自然环境和群众文化的互相影响呈循环往复的态势，它们在一定意义上互为条件、互为因果。两者的结合呈互补、平衡态势，且呈良性循环。因此，保护自然环境、优化自然环境对群众文化的生态也是具有重要意义的。

（二）文化环境

群众文化的文化环境泛指影响和制约群众文化生成、发展的国内和国际的社会文化环境，包括以下方面。

1. 历史文化传统

历史文化传统是不同国家、不同民族在长期历史发展中形成的，支配着整个国家、民族的一种习惯势力和精神力量、一种集体潜意识。它支配着人们的思想和行为，影响着群众文化的生成和发展，成为群众文化生态的根基。历史文化传统对群众文化的影响表现在以下方面。

（1）文化传统通过诸因素的作用，使群众文化有深厚的社会根基。传统文化因素包括制度、风俗、道德、思想、艺术、生活方式等，也就是通常所说的物质和非物质文化遗产。它们和群众文化有着密不可分的关系。传统节日如春节、中秋节、端午节等；传统的文化习俗风情活动，如春节放爆竹、贴春联、看社戏，端午节吃粽子、赛龙舟等；传统的民间艺术，如跑旱船、踩高跷、走花会等；传统的思想道德观念，如"忠孝节义""重伦理""和为贵"等，都反映在群众文化的形式和内容之中。其中，传统文化节日是在长期传承发展中形成的中华民族的特色风俗，各民族有各民族的传统节日，如汉族的春节、傣族的泼水节、白族的三月三、彝族的火把节等。这些传统节日直到今天，依然是群众文化的重要载体。这些历史传统文化流传几千年，已经成为本民族的传统、习惯和精神力量，渗透到各民族群众文化形式和内容之中，影响和制约着群众文化的生成和发展。

（2）建设传统文化传承体系。由于群众文化与历史文化传统有着密不可分的关系，所以，群众文化在建设传统文化传承体系中有着重要的地位和作用。要抓好非物质文化遗产保护传承，使其成为群众文化活动的重要形式和内容，成为不同民族、不同地域特色群众文化的重要载体。还要深入挖掘民族传统节日文化内涵，阐发传统文化思想价值，普及传统文化教育，使传统文化成为新时代鼓舞人民前进的精神力量。同时，也要全面认识中华传统文化，取其精华、去其糟粕。

2. 人的素质

群众文化作为人类的一种创造，与人的素质密切相关，人的素质是影响群众文化发展的动力因素。其中，起决定性影响作用的是人的文化素质和思想素质。人的文化素质指导着人们对群众文化形式和内容的现实性选择。群众文化的形式和内容是人类知识经验的结晶，人们对群众文化形式和内容的选择取决于人们的审美兴趣和审美心理，群众文化活动的参与需要一定的知识和艺术技能，而知识、审美、技能都取决于人的文化素质。

人的思想素质影响着社会对群众文化的评价，制约着群众文化的价值取向。思想素质是指人的理想、道德、纪律等方面的精神修养。思想素质健康向上的群体和个人，追求真、善、美，喜爱和参与内容健康向上的群众文化活动，这是当今社会的主流。

人的素质是可以提高的。群众文化不仅反映着人们的思想、文化素质，而且应当通过健康向上的活动、艺术辅导和培训推动人们思想、文化素质的进步。人们思想、文化素质的进步又为群众文化灌注生气，使其获得价值的依据和内容。二者相互渗透、相互依托、相互促进，推动着群众文化的发展和人们素质的稳步前进。

3. 对外文化交流

随着对外开放的不断深入，我国与各国的政治、经济、文化交流不断扩大，国际文化生态对民族文化的影响越来越明显。因此，保持群众文化与国际文化生态的平衡，推动中国群众文化走出去，就显得十分重要。

（1）外来文化对本土群众文化的影响。

第一，外来文化对本土群众文化产生影响是历史的必然，是不以人的意志为转移的。外来文化对本土群众文化的影响表现在三个方面。

一是对群众文化传统审美意识的影响。这种影响首先表现在人们的生活中，同时也波及群众文化。如中国人喜爱红色，认为它象征吉祥，传统的婚礼也以红色为基调。红色的中国结、大红灯笼、红绸舞，装点着传统的群众文化活动场面。西方人喜欢白色和蓝色，认为是纯洁、祥和的象征。随着外来文化的冲击，人们的审美观念发生了变化，西式的婚礼以白色和蓝色为基调。群众文化活动中的服饰、娱乐活动场所的布置也常常采用冷色调。

二是对群众文化形式的影响。在群众文化活动形式中，大量吸收外来因素，钢琴、小提琴、电声乐器与古筝、二胡、琵琶一起进入社区；外国的舞蹈和中国舞蹈共同展现在群众演出的舞台上；西方的情人节、圣诞节和中国的春节、端午节一样成为群众文化的载体。国外的艺术形式和文化活动形式都已经不可避免地融入我国的群众文化活动中。

三是对群众文化内容的影响。群众文化的形式和内容是不可分割的，在采用外来艺术形式和活动形式的同时，其内容也进入我国群众文化活动之中。

第二，在与外来文化在交会中发展和繁荣，也是中国群众文化发展的历史必然。人类总是在不断吸收外来文化养分的过程中发展自己的文化的。在中外交往日益增多的今天，中华文化要想在世界上成为强势文化，必须了解外来文化，接纳外来文化，最终消化、吸收外来文化精髓。我国群众文化是在坚持继承和弘扬优秀民族文化传统，吸收和借鉴世界各国优秀文化成果，与外来文化的交会整合中不断发展的。不同文化之间的碰撞、交流和交融，可以使群众文化在自身发展过程中不断地汲取其他文化的先进因素，更好地促进自身的发展。"输入—吸收—整合—输出"是国际文化生态的循环规律。

（2）中国群众文化面向世界并走向世界的重要使命。中国群众文化在中华文化面向世界、走向世界中担当着重要使命。中华文化之所以绵延五千年长盛不衰、历久弥新，其内涵在于兼容并蓄和博采众长，其力量在于文化自觉和文化自信。群众文化深深扎根于中华民族传统之中，群众文化中蕴含着许多"原汁原味"的文化形态，这些都是深受国外观众欢迎和喜爱的。要拓展群众文化对外交流和传播渠道，充分利用各种资源，创新群众文化"走出去"的形式和手段，吸收借鉴世界各国优秀文化成果，提升我国群众文化的影响力和竞争力，积极推动中国群众文化面向世界、走向世界。

在经济全球化的背景下，国家间的竞争表现在以科技、文化为核心的激烈的软实力竞争。应当看到，我国文化在全球展现独有风采和魅力的时机已然成熟。我国与世界各国经济、政治联系日益密切，生产投资贸易遍布全球，这为中华文化传播奠定了雄厚的物质基础，也提供了广阔的发展空间。进入 21 世纪以来，随着对外文化交流更加频繁、文化传播手段更加丰富、文化创新更加活跃，我国的群众文化队伍不断地走出国门，在异国大展风采。在与各国之间开展的中俄文化年、中法文化年、中意文化周等政府间的文化交流活动中，群众文化成为重要的内容。群众文化走出去，不仅传播中华文化，也学习和吸收着世界文化的精华；在吸纳世界文化的同时，也极大地丰富我国群众文化，扩大群众对文化的需求面。

4. 文化产业

文化产业与群众文化互为环境、交互作用、循环互补，共同影响着人们的文化生活。

（1）群众文化为文化产业衍生与发展提供优质土壤。群众文化不仅为文化艺术产品的生产提供丰富的材料，也为文化产业队伍提供人才资源。许多文化产业直接把民族民间艺术和民族民间艺术团队引进产业园区，与旅游结合在一起，向旅游者展示我国各民族各地区的民族民间风情，如一些民族园；有些文化产业是把民族民间艺术加以提炼、加工，形成现代舞台艺术精品，常演不衰，如根据云南民族歌舞加工整理成的歌舞节目《云南映象》；有些文化产业本身就是非物质文化遗产的产业化，如各地的非物质文化遗产园。可见，丰富的群众文化资源为文化产业的发展提供了丰富的材料。

群众文化培养人们对文化艺术的兴趣，扩大文化产品的市场。群众文化辅导培训和群众文化活动提高人们的艺术素养，增强人们的艺术欣赏能力，使人们掌握一定的艺术技能，也就为文化产业培育了消费市场。如马头琴是蒙古族群众喜爱的乐器，鄂尔多斯市乌审旗就有马头琴制造产业，通过举办马头琴艺术节，牧民在欣赏马头琴演奏艺术的同时，产生对马头琴艺术的爱好；乌审旗组织文化馆（站）在全旗开展马头琴免费培训，参加培训的群众在培训班结业式上进行技艺比赛，获胜者奖励一把马头琴。

（2）文化产业的发展有效促进群众文化市场的繁荣。文化产业和文化市场的繁荣，满足人民群众多样化、个性化的文化需求，使群众的审美鉴赏能力不断提高，刺激文化消费的增长，推动群众文化质和量的提高。如石家庄市新华区兴办的文化夜市，把最能代表该区地域文化、民俗文化和原生态文化艺术的于底舞龙、康庄跑驴、岳村秧歌、赵陵铺火流星、东三庄舞狮等非物质文化遗产项目引进广场夜市；为辖区内传统木偶、剪纸、糖画、捏面人、脸谱、刀画、彩线编织、风筝、烙画、布艺等各具特色的民间艺人提供空间；组织辖区内文化团体、民间艺术家、广场文化志愿者队伍，开展"经典电影""广场表演"等"文化套餐"进夜市活动。总之，文化夜市中注入群众文化元素，不仅满足人民群众需求，繁荣文化市场，也提高群众文化水平。

文化产品的创新，特别是创意性文化产品的传播，刺激着群众文化新形式和新内容的生成。文化产业的注入，使得原有的群众文化变得丰富多彩。例如成都非物质文化遗产博览园的博物馆内有一个儿童非物质文化遗产体验中心——"魔幻城"，是一个文化与娱乐并存的空间。它以现代及未来科技中的建筑意象为载体，打造具有时尚风情的非物质文化遗产体验区，再现非物质文化遗产世界的锦绣繁华。儿童非物质文化遗产体验中心作为非物质文化遗产体验和教育的基地，融合科技展厅、卡通剧场等功能，实现非物质文化遗产立体式的参与和互动。如带有换像技术的川剧脸谱，能让群众切切实实感受一把什么叫变脸，可以由群众拨动的琴弦也处处皆是。户外露天演出区，国际非物质文化遗产时尚舞蹈和世界各地的狂欢节庆在这里轮番上演，丰富了非物质文化遗产的宣传与传播手段。

文化产业和专业文化工作者参与群众文化活动，发挥着指导、辅导与骨干作用。有许多文化产业直接参与到群众文化活动中，比如在各地的品牌性文化艺术节上，都有文化产业或出资、或冠名支持；专业与业余文艺工作者同台演出，已经是屡见不鲜的现象，专业文艺院团送文化下乡、进基层、到工地，已经成为常态。文化产业和专业文化工作者参与群众文化活动，给群众文化带来新的生机。

（三）科学环境

科学技术是人们认识自然的结晶，及由此产生的知识体系与创造、改造自然的手段的总称。科学技术的发展水平是人类社会发展的重要标志，它作为社会系统的一个子系统，是影响群众文化生成和发展的重要生态项。科学技术和群众文化互为环境、交互作用，成为促进人类进步的动力因素。

1. 有助于群众文化观念的更新

（1）更新科学观念。在原始时代，极其低下的生产力在相当漫长的过程中还不足以积累成人们对客观存在的科学认识，无论是对自然界的现象，还是人类自身的生理、心理现象都不能够做出科学的解释。巨大的洪水、险峻的山峰、强烈的风暴、震耳的雷鸣、耀眼的闪电，无不使原始人类感到恐惧，并对无法征服的大自然充满崇仰的心理和虚幻的猜测。

在人类文明形成的漫漫历程中，满足人们预期、激发人们征服、改造和创造欲望的劳动形式，不断孕育科学的认识和产生新的生产劳动技术，而科学技术的发展过程也就是人们文化观念更新的过程。随着科学技术的进步，人们对大自然、对人类自身的了解不断加深，特别是现代科学技术的发展，使大自然和人类自身的奥秘不断地被揭示，原来神秘的事物，变成常识性的东西。人们由崇拜自然走向征服自然，从征服自然走向合理开发、科学利用，而要积极保护自然，首先要改变对自然的态度。

（2）更新求智观念。科学技术的发展影响人们文化观念的更新，还表现在人们对更高文化层次的追求上。现代科学技术的进步，使得技术密集型产业和知识密集型产业的增长速度加快，显示出比劳动密集型产业和资本密集型产业更为强大的生命力。前两种产业的特点是主要靠科学技术信息和经济信息来创造、获取财富，这就使人们"求智"① 的文化观念增强，科学文化教育和智力开发变得越来越迫切。这就刺激具有传播、教化功能的群众文化为开发人的智力、提高人的智能等方面提供多种途径。科普宣传周、农技培训班、科技讲座、知识竞赛等以科技知识的普及和提高为宗旨的群众文化历来是群众文化活动的重要方面，而今在群众文化活动中的地位越来越重要。

群众文化以全民性的科学文化教育为重要内容，以五花八门的样式为传播教

---

① "求智"包括知识、技术和能力。

化形式，以寓教于乐的方式开展这方面的活动；而科学技术又为这种活动提供扩音器、音像磁带、电视机、电影机、电脑、手机等科技设备。

（3）更新审美观念。社会科学的发展，使人们的审美能力不断提高，从而也夯实了人们对群众文化全面认识的基础。

随着社会生产关系及社会政治、经济制度的发展，不同阶级、阶层和集团的各种学派在思想领域内展开激烈的争论和斗争，最终将对文化娱乐的认识推到哲学和美学的高度。现代社会科学的发展使群众文化现象成为哲学、历史学、政治学、人类学、民族学、民俗学、考古学、文化社会学及美学等学科的研究对象，从不同的侧面和角度，认识和评估群众文化的作用和价值。如哲学的研究使人们认识到群众文化是精神文明的重要组成部分，并对物质文明的建设有能动作用，群众文化学不仅研究群众文化产生、发展的规律和形态，还研究它的生态环境和对社会生活的影响等；而美学理论的系统化，使人们审美能力提高，激起人们在群众文化活动中审美的向往和追求。

在群众文化的各种功能中，实际上都包含着审美的作用。审美功能其实是群众文化一个更重要的功能。而群众文化的显著特点就是"自娱"，是自我的审美享受。作为社会意识的群众文化是经济基础的上层建筑，它是社会生活的不可或缺的组成部分，群众文化中最为大量的文艺更是社会生活全面的，特别是审美的反映。群众文化对于社会的发展能够起到一定的作用，而且这种作用又是其他社会事物诸如哲学、道德，甚至政治、军事等不可代替的，那就是群众文化的审美本质和审美教育作用。

（4）更新休闲观念。由于现代科学技术的发展日新月异，劳动生产率不断提高，使人们用于生产和生活资料生产的时间缩短，业余时间、闲暇时间增多；家庭生活设备的不断更新，也降低了家庭劳动的强度和耗时；而交通、通信、信息传递工具的进步，更令我们事半功倍。属于自己的、空闲的、可以自由支配的时间增加。于是文化休闲的观念出现并逐步完善：在利用更多的时间参加各种"传统"的群众文化活动之外，一种以利用闲暇时间进行积极休憩的群众文化正蓬勃兴起。

（5）更新时代观念。科学技术的进步使传统群众文化获得新的思维和手段，并方便各民族群众文化的交往和交流，群众文化会越来越紧跟时代，并富有时代的色彩。当然，科学技术在更新群众文化观念和开拓群众文化新领域的同时，也因群众文化的繁荣而从中获得许多促使继续发展的力量。

2. 有助于开拓群众文化新领域

科学技术产生于人们的社会劳动实践，又反作用于生产实践。科学技术转化为生产力，促进人类物质文明的不断进步。在现代科技革命中，以信息技术、生物技术等为代表的一系列新型技术的利用和推广，引起生产过程的巨大变革；电子计算机的应用，新生物品种、新能源、新材料的出现都引起生产资料的广泛变化；科学知识的普及，使劳动者智能提高，而且有更高的创造力。这些都直接影响着生产力的发展状况，影响着社会财富的积累程度和人们生产与生活条件的状况，这也为群众文化的发展创造物质条件。

科学技术对人类的影响是全面而深刻的。科学技术的进步促进劳动生产率的提高，节约了更多的劳动力，这就为第三产业的发展提供可能。同时，科学技术、生产和生活的进步对服务、通信和文化、教育、卫生事业的扩大规模、提高水平提出新的要求，产业结构的变化为群众文化的发展创造了更广阔的空间。科学技术的进步使人们的劳作、生活趋于"分散化"，劳动效率提高，通信、交通快捷，闲暇的时间越来越多，这就为人们参与群众文化的愿望和活动提供了充裕时间。科学技术的进步产生越来越多的新产品和新服务，消费市场空前繁荣，从而改变人们的消费水平和消费方式，人们日益追求更多的精神消费，这就为群众文化的发展提供了有利的空间。

任何形式和内容的群众文化，都是在不同阶段人们认识世界和改造世界的实践中产生，并以一定的物质形式为存在条件的。科学技术是生产力，而且是第一生产力，是推动物质生产的主要动力，它的进步与落后无疑直接关系到群众文化的发展情况和繁荣与否。在远古，原始的生产力谈不上什么科技，群众文化的形式一如劳动方式的单调，物质辅助品一如劳动工具的粗陋，人们在强烈粗犷的节奏中歌舞，用树叶、兽皮、鸟羽、骨块、石器、木棍作为娱乐用的服装、乐器和道具。随着科学技术的进步，麻、棉、化纤的质地变得越来越好，以及对织印染的技术、裁剪缝的工艺的运用，服装变得千姿百态；乐器也因烧制、冶铸等技艺的进步，从石器、骨器进化到陶、瓷、铜、铁，发展到今天的电子时代，出现了电子吉他、电子琴、激光磁盘等电声乐器。

随着文字的发明，纸、笔、墨的出现，文学创作发展为文字创作，文学欣赏增加书面传播；印刷术发明后，文学作品可以大量印刷，群众性的文学欣赏活动才得以广泛地开展。这种广泛性甚至还不受时间和空间的限制，传之辽阔、传之久远，影响巨大。现代科学技术的迅猛发展，不断提高着摄影的表现能力，也促进摄影活动的迅速普及，摄影艺术已经成为非常大众化的群众文化。电视的出现，改变人们的欣赏方式，人们不仅不必亲临剧场、电影院等现场观看聆听，还可以用方便、放松、休闲的状态进入欣赏活动。

现代科学技术的新成果和群众文化活动的密切结合，使新的群众文化载体和群众文化活动方式不断出现，文化设施不断更新，从而也使群众文化保持了新鲜活力。现代灯光设备、音响设备、VCD、电子乐器等科技产品，被广泛地应用在群众文化活动中，不但使群众文化的形式千变万化，而且使内容也更丰富多彩。总之，科学技术的进步改变着、适应着人们对文化生活数量、质量、方式等诸多方面的需要和追求，促使群众文化及其活动由低级向高级发展。

▶ 第三节 群众文化工作的任务及要求

一、群众文化工作的任务

群众文化工作是有关部门、专门机构和工作者所从事的领导、指导、管理、组织、辅导和研究群众文化活动的社会化行为。"群众文化工作是社会主义现代社会文化工作的重要组成部分，对社会主义精神文明建设起着至关重要的作用。"[①] 群众文化工作应当在引领健康向上的社会风尚、培育社会主义核心价值体系、保障人民群众基本文化权益、满足人民群众基本文化需求方面发挥不可替

---

① 张致嘉. 群众文化工作的实践与思考 [J]. 大舞台，2012 (3)：267.

代的作用。

目前，群众文化工作已经成为公共文化服务体系的重要组成部分。在这一背景下，群众文化工作应当与公共文化服务体系建设的目标任务保持一致，为实现普遍均等的公共文化服务而努力。按照当前公共文化服务体系建设的要求，群众文化工作的任务可以确定为以下方面。

（一）促进人的全面发展

通过各种群众文化活动，培育社会主义核心价值体系，建设和谐文明的社会风尚，促进人的全面发展，并以此推动社会主义文化的大发展、大繁荣。群众文化工作承担着传播先进文化、进行社会教育的重要职能。这种宣传教育应该以群众喜闻乐见的形式和潜移默化的方式来实现的，也就是通过举办各种丰富多彩的群众文化活动，吸引群众积极参与。其需要实现的目标包括以下方面。

第一，培育社会主义核心价值体系。社会主义核心价值体系包括马克思主义的指导思想、中国特色社会主义的共同理想、以爱国主义为核心的民族精神和以改革创新为核心的时代精神，是社会主义先进文化的重要体现。群众文化工作承担着培育社会主义核心价值体系的任务，它以健康向上的群众文化产品、丰富多彩的群众文化活动，在潜移默化中培养对社会主义核心价值的认同。

第二，建设和谐文明的社会风尚。建设和谐文明的社会风尚是建设中国特色社会主义的重要内容，对于维护社会稳定、促进社会进步、增强人民团结具有重要作用。群众文化工作者应把建设和谐文明的社会风尚作为自己的工作职责，通过搭建群众文化活动的平台，开展丰富多彩的群众文化活动，编创弘扬正气的群众文艺作品，宣传社会主义精神文明，倡导爱祖国、爱人民、爱劳动、爱科学、爱社会主义的思想；宣传社会主义传统美德，倡导助人为乐、尊老爱幼、互助友爱、无私奉献的精神；宣传社会主义道德风尚，倡导文明礼貌、诚实守信、和谐友善、勤劳质朴的民风，以此促进和谐、文明的社会风尚形成。

（二）满足群众的文化需求

通过以群众文化活动为重点的群众文化服务，满足人民群众的基本文化需求，保障人民群众的基本文化权益。这是在公共文化服务体系背景下对群众文化满足人民群众文化需求任务的明确表述，是群众文化工作的立足点和出发点。

1. 开展公共文化鉴赏

公共文化鉴赏反映人民群众的基本文化需求，是人民群众参与文化活动的主要形式。参加公共文化鉴赏活动具有陶冶情操、愉悦身心、舒缓精神、培养情趣等多重功效，对提高整个中华民族的思想文化素质和精神文明水平具有重要作用。

开展以群众文化服务为内容的公共文化鉴赏活动可以采用多种形式。例如利用群众文化设施开设用于群众读书、看报、上网、欣赏音像制品等的专门厅室；采用政府购买、政府补贴、市场参与等方式为群众提供免费欣赏戏剧、舞蹈、音乐等专业文化艺术的机会；组织专业和业余文化艺术团队开展送高雅艺术进社区、进乡村的活动；组织绘画、摄影、书法等各种艺术样式的展览（包括网上展览）；等等。

2. 组织群众参加文化活动

与公共文化鉴赏活动不同，参加群众文化活动体现活动参与者在活动中自我表现的角色地位。参加群众文化活动更能激发人们的自娱热情，使人们不仅可以从中得到自身的愉悦，展示自身的才华，也能满足自我表现的欲望。为群众文化服务，就是要更多地为群众创造和提供参加群众文化活动的机会和条件。例如启发、调动群众文艺积极分子的潜能，组织群众愿意参加的各类文艺团队；组织丰富多彩的公园、广场、节庆等群众文化活动，为群众的演出活动搭建平台；组织各类群众文艺比赛和会演，调动群众参加群众文艺表演的积极性等。

3. 提高全民文化艺术素质

在当今社会，提升全民文化艺术素质已经成为一项重要的任务。文化艺术素质的提升，不仅有助于增强民族凝聚力，还能提高全民的审美能力和生活品质。因此，我们需要通过多种形式的文化艺术宣传，对群众进行爱国主义、集体主义、社会主义的教育，让社会主义核心价值理念深入人心。

弘扬中华民族的传统文化与民族精神，是提高全民文化艺术素质的重要途径。我们可以通过举办传统文化讲座、展览、演出等活动，让群众深入了解中华民族的悠久历史和灿烂文化。同时，我们还可以借助现代科技手段，如网络、新媒体等，将传统文化元素融入现代生活中，让群众在日常生活中感受到传统文化的魅力。

此外，提高全民的审美能力和鉴赏能力也是提升文化艺术素质的关键。我们可以通过开设文化艺术课程、举办艺术展览、组织音乐会等方式，让群众接触和了解更多的艺术形式，培养他们的审美眼光和鉴赏能力。同时，我们还可以鼓励群众参与文化艺术活动，让他们在亲身实践中提升艺术修养和生活情趣。

群众文化工作应担当起提高全民文化艺术素质的任务。各级文化部门应加大对群众文化工作的投入力度，积极开展各类普及性的文化艺术培训、交流活动等。这些活动旨在让群众了解各种艺术形式的特点和魅力，激发他们对文化艺术的兴趣和热情，从而推动全民文化艺术素质的提升。

4. 鼓励群众参与文艺创作

人民群众既是文化艺术的享受者，也是文化艺术的创造者。他们为了表达内心情感、表现自我的审美追求、表现对事物的认识，需要以文化艺术创作的形式来表达个人的思想、意志、观念和愿望。从根本上而言，参与群众文艺创作是人民群众应当享有的文化权利。

因此，我们应当鼓励和支持人们积极参与群众文艺创作。这不仅可以激发群众的创作热情，还能推动文化艺术的繁荣发展。各级政府和文化部门应出台相关政策，为群众文艺创作提供资金、场地等支持。同时，我们还可以设立文艺创作奖励机制，对优秀的群众文艺作品进行表彰和奖励，激发更多人的创作热情。

此外，营造良好的群众文艺创作氛围。可以通过举办文艺创作培训班、开设文艺创作论坛等方式，为群众提供学习和交流的平台。同时，加大文艺创作的宣传和推广力度，让更多的人了解群众文艺创作的成果和价值。

（三）弘扬中华传统文化

建设传统文化的传承体系，弘扬中华传统文化，本着对民族、对历史、对后人负责的态度，积极做好群众文化所承担的民族民间文化的保护工作，不断推动有特色的优秀群众文化精品走向世界。这是时代赋予群众文化工作的新任务。

随着非物质文化遗产保护工作的深入，许多原来由群众文化部门承担的非物质文化遗产保护工作，转由陆续建立的非物质文化遗产专门机构承担。但群众文化工作不能由此放弃历来承担的民族民间文化的挖掘整理工作，应在积极做好弘扬和传承传统文化艺术的同时，创造出具有优秀历史文化传统的民族民间文化艺术精品，并不断扩大和世界各国民间文化组织的交流与合作，逐步使具有中华优秀传统和多样性文化特点的群众文化产品走出国门，走向世界。

在公共文化服务体系建设的大背景下，群众文化工作的任务有了新的定位和扩充。较之以往，群众文化工作的意义更加重大，任务也更加繁重和艰巨。

（四）建设群众文化服务网络

1. 坚持群众文化服务网络的建设原则

坚持群众文化服务网络的建设原则体现为：建立党委领导、政府管理、群众文化事业单位依法运营的群众文化管理体制；建立以公益性基本文化服务为主，多方面、多层次、多样性文化服务为辅的群众文化提供机制；建立覆盖全面、责任分明的群众文化服务体系，逐步完善设施网络、组织体系、生产供给机制、资金人才技术保障机制、运行评估机制，以及资源和服务成果共享机制等；建立免费、开放的群众文化设施，以有无偿提供群众文化服务的经费补偿机制，加大群众文化工作的投入力度，着力提高群众文化产品的供给能力；坚持城乡和区域群众文化服务协调发展，把群众文化服务的重心放在基层和农村，着力改善中西部地区群众文化服务的整体水平。

2. 遵循群众文化服务网络的建设格局

群众文化服务网络的建设应建立以政府为主导，以群众文化服务机构为骨干，以社会力量为补充的群众文化服务网络。各级政府侧重做好群众文化基础设施建设，保障群众文化服务经费投入，促进群众文化服务基本供给方面的工作；公益性群众文化事业单位则应以群众文化设施场地和喜闻乐见的文化艺术形式，为群众提供健康向上的群众文化产品和无偿优质的群众文化服务；同时，还应鼓励全社会积极参与群众文化服务，积极支持群众文化服务机构以外的其他有关文化单位、社会教育机构等，组织开展公益性文化活动，并把通过国家购买或以政府资金资助方式获得的群众文化产品无偿用于群众文化服务。

3. 把握群众文化服务网络的建设框架

群众文化服务网络作为公共文化服务网络的核心组成部分，其建设框架的构建与完善对于提升群众文化生活水平、推动社会文明进步具有重要意义。这一框架的构建不仅须与公共文化服务网络的建设要求保持高度一致，更应结合实际情况，注重细节与创新，以构建出一个覆盖广泛、功能完善、高效便捷的群众文化服务网络。

（1）建立覆盖城乡的群众文化设施网络是构建群众文化服务网络的基础。这一网络应遵循布局合理、功能齐全、使用高效的原则，确保城乡居民都能享受到便捷的文化服务。在城市，可以依托社区、公园、广场等公共空间，建设图书馆、博物馆、文化馆等文化设施，丰富市民的文化生活。在农村，可以通过建设文化活动中心、农家书屋等方式，为农民提供学习、娱乐、交流的平台。

（2）建立群众文化产品的生产与供给体系及群众文化产品需求的信息交流平台是提升群众文化服务质量的关键。这一体系应充分发挥市场机制的作用，鼓励和支持文化企业、社会组织及个人参与文化产品的创作与生产，同时建立起有效的需求反馈机制，及时收集和分析群众的文化需求，为文化产品的供给提供精准指导。

（3）建立群众文化资金、人才、技术的保障体系是群众文化服务网络持续健康发展的重要支撑。在资金方面，应逐步建立起群众文化经费保障的长效机制，确保文化设施的建设与维护、文化活动的开展与文化产品的供给有充足的资金支持。在人才方面，应建立群众文化专业人员资格标准、准入制度及聘用制度，吸引和培养一批高素质的文化人才，为群众文化服务提供专业化、高水平的支持。在技术方面，应配备较为完善的艺术服务设备，并逐步完善群众文化服务的设备配置标准，以提升文化服务的科技含量和现代化水平。

（4）建立分工明确的群众文化组织支撑体系是确保群众文化服务网络高效运行的重要保障。在这一体系中，政府文化部门应承担起宏观管理的职责，制定文化政策、规划文化发展方向、监督文化市场运行等；群众文化服务机构则应承担起服务供给的职责，为群众提供丰富多彩的文化活动和文化产品；社会力量则应承担起资源补充的职责，通过捐赠、赞助等方式为群众文化服务提供必要的支持和补充。

（5）建立群众文化服务的运行评估体系也是必不可少的。这一体系应形成政府、社会、服务群体共同参与的监督管理体系，通过定期评估、社会调查等方式，对群众文化服务的质量、效果进行客观评价，为改进和优化服务提供科学依据。

（6）建立资源成果的共享机制是实现群众文化服务网络可持续发展的关键一环。在运行机制、机构改革、制度创新、服务方式研究、文化资源整合等多方面进行有益的探索和实践，建设覆盖全社会的文化资源成果共享平台，让更多的人能够享受到优质的文化资源和服务。

二、群众文化工作的要求

（一）群众文化需求对群众文化工作开展提出的新要求

1. 不断完善群众文化需求的层次

群众文化需求是群众文化本源的集中表现，是社会实践主体在自我完善过程中与以文艺娱乐为主要内容的活动之间建立的依赖—适应关系。群众文化需求是社会实践主体生命过程的固有属性，是客观必然的社会存在。

在现实社会中，群众的文化需求是多方面的，包括读书、看报、上网、娱乐、参观、旅游、看电影、看演出、看电视、参加群众文化活动和体育活动等。在多数情况下，群众是作为受体来实现自身需求的。群众作为主体，为满足自身文化生活需要而开展的自我参与、自我娱乐、自我完善方面的社会性文化活动，则表现人民群众对于群众文化的需求。人民群众需要群众文化，群众文化的群众性、自娱性、传承性特点也最符合群众自我参与、自我娱乐、自我完善的要求，群众在其中也在继承和创造着文化。

群众的文化需求体现以自我为主体，并与一定的文化群体发生关系。人是一切社会关系的总和，群众文化需求包括以下层次。

（1）娱乐休息的生存需求。娱乐，是群众最基本的文化需求，从娱乐中得到休息，往往是人们自觉参与文化活动的第一需要。人都有喜怒哀乐、七情六欲，需要发泄和流露；人在工作劳动之余的休息、休闲时间里，也有娱乐的愿望和冲动，需要活跃身心、放松精神、减轻烦恼；人生活在社会中，需要与他人交流、与集体融合，感受集体活动的快乐。

（2）审美愉悦的享受需求。审美愉悦是群众在娱乐休闲中更高层次的需求。追求"美"是人的天性，人们娱乐休息的过程，也是一个审美的过程，是通过审美愉悦来满足自己的过程。人生活在文化艺术氛围中，随着人民生活水平和人的素质的不断提高，群众审美愉悦的享受需求越来越普遍，人们需要参与文化艺术活动表现自己，愉悦身心。为此，人们融入社区或参加到所属的企业、学校、村镇中，组成合唱团、模特队、书画社、诗社、京剧社等，在社团里陶冶性情，得到审美愉悦。为此，人们参加辅导、培训，不断提升自己的审美素养和艺术技能，以更好地展示自己。随着群众的艺术素质不断提高，群众的审美愉悦追求也向着更高层次不断攀升，他们需要更大的舞台、更先进的设备、更好的艺术指导和更完善的服务。

（3）表现创造力的发展需求。表现创造力的发展需求是在审美愉悦基础上产生的最高层次的文化需求。人民群众中蕴含着巨大的创作力量和层出不穷的创作人才，随着审美素养和艺术技能的提高，人们就会产生创造的欲望和需求。当前，表现创造力已成为群众更普遍的需求，群众文艺创作也呈现出社会化的趋势，群众文化在表演、创作等很多方面已经模糊了专业和业余的界限，群众文艺骨干具有相当高的艺术修养，其表演或创作水平达到相当高的水准，有些甚至成为作家、诗人、歌手、画家、书法家、民间艺术能手等。群众文化成为培育优秀文艺作品和文艺人才的沃土。

以上这三个层次的文化需求，既单独成立，又相互渗透、相互牵连、相互作用。这三个层次，既可以是一个人、一个团队发展的三个阶段，又可以同时在一个人身上或一个团队中间发生。

2. 不断完善群众文化需求实现的渠道

（1）自发的群众文化活动。自发的群众文化活动是群众自发开展、自然形成的。一般以群体为组织形式，以单一性的文化娱乐活动为内容，组织者为有一定号召力并热爱群众文化活动的文艺骨干；活动的组织者、活动骨干、地点、时间相对固定，活动规律呈日常化；自我组织、自我管理，但没有明确的组织章程和组织形式；自然有序、受众面广，是广场（公园）最普遍、最活跃的活动，也是群众满足自身文化需求的一种重要形式。

（2）公共文化服务（群众文化服务）。公共文化服务是政府的职能。政府主要是通过文化馆（站）等群众文化事业机构来为人民群众提供群众文化服务，满足群众的文化需求。公共文化服务属于普惠性的、均等化的、有限定的、应由政府予以保障的文化服务，不可能满足群众所有的文化需求。

（3）文化市场服务。对于群众不属于公共文化服务范围的文化需求，即个性化、对象化、深度增值性的文化需求，是通过文化市场来满足的。例如一个喜爱唱歌的人，他可以每天早晨到公园参加群众自发的歌咏活动；也可以参加文化馆的业余合唱团队，到文化馆活动，接受文化馆教师的免费辅导培训；也可以与亲朋好友到歌厅放声歌唱，参加社会的音乐培训，或聘请家教。从群众自娱自乐到有人自发组织，从政府提供的群众文化服务到各种文化市场的文化服务，有着不同文化需求的群众都能在当今时代得到满足。

3. 发挥群众文化需求的作用

（1）发挥群众文化需求的基础作用。群众文化需求是群众文化的第一要素，是群众文化的动力与前提。群众文化的一切生成物，都仅仅是为了满足这一客观需要而产生、发展的。群众文化的客观需求是广泛的、多样的、不断发展的，而实现群众文化需求则是具体的、受一定条件限制的，群众文化需求与实现需求的矛盾构成了群众文化的基本矛盾。这是群众文化要素间的本质联系和发展的内在原因。群众文化工作必须以满足群众文化需求为出发点和归宿。现阶段，我国广大人民群众的文化需求空前提高，其需求面之广、量之大、质之高也是前所未有的。群众的文化需求成为当前群众文化勃兴最重要的内驱力，成为群众文化建设的第一推动力。

（2）发挥群众文化需求的积极作用。群众文化需求有一种十分重要的特点，就其自身而言，叫作群众文化需求的"盲目性"；就其矛盾对立方而言，称作群众文化需求的"可诱导性"。当群众文化需求处于自在状态时，会产生盲目性和从众性。群众文化需求是可以诱导的。文化环境有很强的吸引力，能够改变群众文化的性质和指向。群众文化以满足群众文化需求为出发点和归宿，但是，群众文化不能"迎合"群众文化需求，特别是不能"迎合"群众文化需求的盲目性。

群众文化应当创造一个良好的文化环境，引导群众文化需求，引导群众建立科学、健康、文明的文化生活方式。

（二）数字和网络技术对群众文化工作开展提出的新要求

在互联网时代，一切工作与生活都发生了较大的变化，群众文化领域也悄然发生着改变。如何借助互联网的发展创新群众文化工作，成为每一个群众文化工作者需要不断探索的问题。

第一，提高数字群众文化惠民服务的能力。以现代信息技术为支撑，以群众文化资源建设为重点，实施"公共电子阅览室建设计划"，加强数字群众文化的惠民服务，提高群众文化事业机构的服务能力。现代信息技术是一个内容十分广泛的技术群，并已经广泛地渗透于人们的生活、学习和工作之中。利用现代信息技术，对于改进群众文化工作方式、提高群众文化服务能力可发挥重要作用。专门从事群众文化服务的事业机构，充分利用所拥有的群众文化艺术资源，将其制成数字化的图像、文字、影像、声音等各类群众文化产品，既可扩充"公共电子阅览室"的阅读范围，满足群众查询、鉴赏、应用的需求，也有助于提高艺术档案的建设水平。

第二，构建数字群众文化的服务网络。以文化共享工程的服务网络为基础，构建一个内容丰富、技术先进、覆盖面广、传播快捷的数字群众文化服务网，实现双向互动。以文化共享工程为基础构建数字群众文化服务网络，既有现实基础，又具发展前景，有助于群众文化服务手段的升级和群众文化服务设备的改善，也有助于丰富基层群众的文化娱乐生活、传播优秀文化艺术作品。在数字网络技术不断进步的背景下，应注意发展和传播健康向上的网络群众文化，使之成为传播社会主义先进文化的新途径、群众文化服务的新平台、精神文化生活的新空间。

第三，促进数字和网络技术在群众文化服务领域的应用。促进数字和网络技术在群众文化服务领域的应用，是当前群众文化工作的一项重要任务。21 世纪的人类社会是一个数字化、网络化的社会，数字网络技术的发展不仅改变了人们的生活方式，也促进了服务方式的转变和更新。将数字和网络技术应用于群众文化的实际工作中，对更新群众文化服务方式、提高群众文化服务能力具有重要的意义。在很大程度上，加快数字和网络技术在群众文化服务领域的应用，已经成为公共文化服务体系建设背景下群众文化工作亟待完成的任务。

▶ 第四节　群众文化工作的原则与规律

一、群众文化工作的原则

（一）基本性原则

基本性原则强调群众文化提供的群众文化产品和服务应属于基本性的范围，满足的是群众一般性的文化需求。换言之，群众文化服务提供的不是群众精神文化生活需求的全部，其超出基本文化需求的部分，不属于无偿提供的范围。对于那些个性化、多元化的文化需求，需要通过市场购买的方式来实现。

在群众文化工作中坚持基本性原则体现为：以基本性的群众文化服务为出发点和主体目标，充分保障群众的基本文化权益；提高基本性群众文化服务的质量，保证群众文化服务的满意度；拓宽基本性群众文化服务的范围，坚持以免费的方式提供；充分满足非基本性、个性化的群众文化需求，探索合理、优惠的有偿服务方式。

（二）便利性原则

便利性原则强调群众文化提供的服务应当是近距离的、经常性的和容易获取的。便利性的要求涉及以下方面：第一，确保群众文化设施布局合理，使群众能够就近前往，省时省力；第二，确保群众文化信息快捷畅通，使群众能够及时获取，便于查询；第三，确保群众文化活动安排得当，使群众能够随心所愿，经常参与；第四，确保群众文化服务程序简便，使群众能够顺利获取，任意选用。便利性原则是以人为本原则的具体体现，也是实现公益性原则、公平性原则的前提和条件。

在群众文化工作中坚持便利性原则体现为：新建群众文化设施应选在交通便利、人口集中的地域，便于群众聚集活动且易于疏散；建设以服务半径为标准的群众文化服务圈，合理延长群众文化设施的开放时间，确保群众文化服务的总量充足；开展送文化下农村、下社区、下基层服务，提供灵活多样、便捷到位的服务；充分利用现代化的信息技术手段，运用网络、影像、数字化技术为群众服务；加强群众文化资源的采集整理，提高远程供给能力和利用水平；关注特殊人群的群众文化服务，为残疾人和老幼群体设置便捷、无障碍的服务通道。

（三）公益性原则

公益性是公共文化服务的本质属性，公民依法享有一定的文化权利，即在公共文化生活中享有公共文化产品和服务的权利。群众文化作为政府公共文化服务的主体内容之一，其所提供的群众文化服务必须是公益性的。从这一原则出发，要求政府主办的文化事业机构必须承担起为群众提供免费的或优惠的群众文化服务的职责。群众文化服务机构的基本特点在于：群众文化服务以追求社会效益为目标，而不以营利为目的；群众文化服务的经费从政府财政经费中列支。这与从事经营性文化服务的文化企业有着本质的不同。

在群众文化工作中坚持公益性原则体现为：免费开放群众文化设施，实现群众文化场所的"零门槛"进入；无偿提供群众文化活动的场地和设备，开设各类群众可以参与的免费活动项目；协助政府部门选购群众所需的文化产品，完成政府交办的各类文化艺术演出任务；组织免费的基础性文化艺术培训，辅导群众业余文化艺术团队和群众文艺骨干等。

（四）公平性原则

公平性（均等性）原则强调公民在获得群众文化资源、享受群众文化服务方面应享有的平等权利，包括获取机会、服务内容、服务质量以及服务过程的平等性。群众文化工作的公平性，简而言之就是群众文化服务的均等性。群众文化服务必须惠及全民，地域、年龄、性别、贫富以及文化水平高低都不能成为群众均等地获取群众文化资源、享受群众文化服务的障碍。公平性原则要求群众文化工作必须满足不同地域、不同人群的文化需求，将服务面惠及全体人民，使人人都能获得机会均等、质量稳定、公正公平的文化服务。

在群众文化工作中坚持公平性原则体现为：树立"人人享有文化权利"的理念，提高对群众文化服务普惠性、均等性的认识；关注文化基础薄弱、文化资源匮乏的地域和人群，保障基层、农村和特殊人群的基本文化权益。

（五）以人为本原则

"以人为本"是群众文化工作的首要原则。坚持以人为本原则，就是要从保障人民群众基本文化权益的基点出发，把为人民群众服务放在群众文化工作的首位。以人为本原则要求群众文化工作必须准确把握新的时代背景下人民群众对精神文化生活的新需求、新期待，切实维护公共文化生活的公平与正义，使文化发展的成果被全体人民共享，从而真正实现面向全体人民的公共文化服务。

在群众文化工作中坚持以人为本原则体现为：坚持群众文化活动业余自愿的原则，按照群众的意愿组织开展群众文化活动；以满足群众的文化需求为目标，不断提高群众文化产品和服务的供给能力和质量；坚持把群众的满意度作为评价群众文化工作的根本标准，不断提高群众文化工作整体水平；发挥群众在群众文化活动中的积极性、主动性和创造性，创造群众参与群众文艺创作的良好环境；提供均等、便捷的群众文化服务，保障群众合法权益。

二、群众文化工作的规律

（一）以群众文化活动为重点

群众文化活动始终居于核心地位，群众文化活动的存在和发展决定着其他群众文化要素的存在和发展。

第一，群众文化活动的多样性和广泛性是其显著特点。这些活动涵盖从文学、艺术、音乐到体育、娱乐等多个领域，形式多样、内容丰富，能够满足不同群体的文化需求。因此，群众文化工作应当注重活动的普及性和包容性，确保每个群体都能在文化活动中找到自己的位置，实现自我表达和文化享受。

第二，群众文化活动的参与性是其生命力所在。群众不仅是文化活动的接受者，更是参与者和创造者。通过参与文化活动，群众能够实现自我教育、自我提升，同时也能够促进社区凝聚力和文化认同感的形成。因此，群众文化工作应当鼓励和引导群众积极参与，通过组织多种形式的文化活动，激发群众的创造潜能，让文化活动成为群众生活的一部分。

第三，群众文化活动的时代性和社会性不容忽视。随着社会的发展和技术的进步，群众文化活动也在不断地演变和创新。这就要求群众文化工作紧跟时代步伐，把握社会发展的脉搏，及时更新文化活动的内容和形式，使之更具时代感和吸引力。同时，群众文化工作也要关注社会发展中的问题和矛盾，通过文化活动反映和解决这些问题，使文化工作具有更强的现实意义和社会价值。

第四，群众文化活动的持续性和稳定性是其长期发展的关键。群众文化工作不应仅仅局限于一时的活动或项目，而应建立起长效机制，确保文化活动持续开展。这需要建立健全的组织体系、资金保障机制和人才培养体系，为群众文化活动提供坚实的支持。同时，也要加强文化设施建设和文化资源开发，为群众文化活动提供必要的物质条件和资源保障。

（二）遵循"寓教于乐"的原则

"寓教于乐"[①] 反映文化艺术的本质特点，"教"是目的，"乐"是手段，"教"是通过"乐"的方式来实现的。"寓教于乐"不仅显示文化艺术自身所具有的特殊影响力，还显示文化艺术的独特魅力。从群众文化的角度讲，娱乐是群众参与群众文化活动的最直接的目的，是群众以参加各种文化活动的方式来获得身心的愉悦和满足。组织开展健康向上的群众文化活动能够给人以积极的影响，

---

① "寓教于乐"是指在娱乐中寄托教育的作用，使人在娱乐中受到教育。

展示群众文化的教化功能，使人在群众文化活动中受到教育和启迪。群众文化承担着传播社会主义精神文明、弘扬社会主义先进文化的任务，群众文化应当充分利用文化娱乐的特有方式实现宣传教育群众的目的。在公共文化服务体系建设的背景下，群众文化工作要把社会主义核心价值体系的教育寓于群众文化活动之中，发挥其引领社会思潮、建设和谐文明风尚的作用。

第二章　群众文化活动的组织与管理

第一节　群众文化活动概述

群众文化活动是指人们在职业之外，通过自我参与、自我娱乐、自我开发的方式进行的社会性文化活动。这些活动以人民群众活动为主体、以自娱自教为主导，旨在满足个人及群体的精神生活需求，并以文化娱乐活动为主要内容。

一、群众文化活动的含义

群众文化活动是一种以人民群众为主体、以文化娱乐为主要内容、以提高人民群众文化素质和丰富人民群众文化生活为目的的社会文化活动。它在我国有着悠久的历史，自古以来，我国就有许多丰富多彩的群众文化活动，如春节、元宵节、端午节等。群众文化活动的内涵体现在以下方面。

第一，满足人民群众的精神文化需求。随着经济的发展，人们的生活水平不断提高，对精神文化生活的需求也越来越高。群众文化活动正是为了满足这种需求而产生的。通过参加群众文化活动，人民群众可以放松心情、享受快乐，提高生活品质。同时，群众文化活动也有助于培养人民群众的爱国情怀，增强民族凝聚力。

第二，提高人民群众的文化素质。群众文化活动涵盖文学、音乐、舞蹈、戏剧、电影、电视、体育等多个领域，内容丰富多样。通过参加这些活动，人民群众可以接触到各种优秀的文化作品，提高自己的审美水平和文化素养。此外，群众文化活动还有助于培养人民群众的创造力、想象力和实践能力，促进人的全面发展。

第三，促进社会和谐稳定。群众文化活动是一种群众性、广泛性、普及性的文化活动，可以让人民群众在共同的兴趣爱好中找到共鸣，增进彼此之间的了解和友谊。通过参加群众文化活动，人民群众可以缓解生活压力，消除社会隔阂，增进社会和谐。同时，群众文化活动还有助于培养人民群众的团结协作精神和集体荣誉感，促进社会稳定。

第四，传承和弘扬中华优秀传统文化。群众文化活动是我国优秀传统文化的重要组成部分，通过参加这些活动，人民群众可以深入了解和感受中华民族的优秀传统文化，增强民族自豪感和自信心。同时，群众文化活动还有助于推动优秀传统文化走向世界，提高我国在国际舞台上的文化软实力。

二、群众文化活动的特点

第一，传承性。群众文化活动承载着丰富的文化内涵，是民族文化传承的重要载体。在群众文化活动中，人民群众通过对传统文化的挖掘、整理和传承，使得民族优秀文化得以世代相传。同时，群众文化活动还具有较强的时代性，能够与时俱进地反映社会发展和人民群众的精神追求。传承性使得群众文化活动具有深厚的历史底蕴和现实意义。

第二，自发性。群众文化活动是人民群众自发组织、自愿参与的一种文化现象。这种自发性表现在两个方面：一是群众文化活动的发起和举办往往是自下而上的，源于人民群众的内在需求；二是群众文化活动的参与者都是自愿加入的，他们在活动中寻求精神愉悦和自我价值的实现。自发性是群众文化活动区别于其他文化活动的重要特征。

第三，群众性。群众文化活动具有广泛的群众基础，参与人数众多，覆盖面广。在我国，群众文化活动涵盖各个年龄层、各行各业的人群，既有城市社区居民，也有农村村民；既有老年人，也有青少年。群众性使得群众文化活动具有强大的凝聚力和影响力，成为人民群众精神生活的重要组成部分。

第四，多样性。群众文化活动形式多样，内容丰富多彩。既有传统的民俗活动，如庙会、灯谜、舞狮等，又有现代的文化娱乐活动，如广场舞、健身操等。此外，随着科技的发展，网络文化、数字文化等新兴文化形式也逐渐融入群众文化活动之中。多样性的特点使得群众文化活动能够满足不同人群的多样化需求，具有广泛的社会适应性。

第五，参与性。群众文化活动具有很强的参与性，参与者既是文化的享受者，又是文化的创造者。在群众文化活动中，人民群众通过参与、互动、交流，实现自我表达、自我教育和自我提升。参与性使得群众文化活动成为一种寓教于乐、自我提升的过程，有助于提高人民群众的综合素质。

三、群众文化活动的构成内容与形式

群众文化活动的内容与形式主要以文学艺术为其核心表现方式，通过文学艺术作品来反映客观现实，因此构成群众文化活动的主要内容，这些文学艺术作品通过艺术形象的表达，同时包括在群众文化活动中所包含的现实意义，如智力刺激、审美享受、健康促进等各方面的因素。在群众文化活动的内容方面，不仅融入活动参与者的思想、情感和价值评价，同时体现客观与主观的有机统一。此外，群众文化活动的文学艺术部分具有明显的意识形态特征，这意味着文学艺术作品中普遍存在一定的世界观、人生观、价值观和伦理观等元素。这些抽象思想内容是通过群众文化活动的具象形式得以呈现。

群众文化活动的形式，是指群众文化活动内容得以表现的形态。群众文化活动形式从层次上划分，有外在形式和内在形式。群众文化活动外在形式是物质性的，是活动内容的物质手段和形态，群众文化活动形式所采用的物质手段的发展，带动着群众文化活动形式的发展。群众文化活动的内在形式是活动内容相依赖的形式，即活动内容的组织结构方式，也是活动内在的各种因素或各部分之间的内部联系和组织方式。群众文化活动形式是在长期的群众文化实践中不断积累和发展起来的。

群众文化活动的内容与形式的关系是辩证统一关系。形式依靠内容而存在，内容依靠形式去表现，两者相互依赖、相互制约，都以对方的存在为条件。群众文化活动的内容从它的精神调剂、宣传教化、普及知识、团结凝聚等功能来看，包含德育、智育、美育、体育等所涉及的各个方面，内容十分丰富。

四、群众文化活动的发展

现代群众文化活动的发展标志着当代社会中文化体验的蓬勃增长和文化活动的不断演进。这一趋势是在社会进步和个人生活水平提高的大背景下，大众群体积极和广泛参与各类文化活动的结果，它已经成为现代社会活力的重要组成部分。

第一，大众传媒的广泛普及和不断发展是推动现代群众文化活动蓬勃发展的重要因素之一。电影、电视、音乐、互联网等媒体形式为人们提供多元的文化消费选择，使人们可以轻松地接触和参与各种娱乐文化活动。这不仅扩大文化体验的范围，还促进人们之间的交流和分享，从而使群众文化活动更加多元化和丰富。

第二，社交媒体的崭露头角和广泛普及也对群众文化活动的演进起到推动作用。社交媒体平台使人们能够分享自己的兴趣和爱好，积极参与各种话题讨论和活动，并与其他人建立联系和互动。这种互动与参与的方式为群众文化活动注入新的生命力，使参与者能够更充分地发挥自己的创造力和想象力，以更具创意和个性化的方式参与文化活动。

第三，群众文化活动的组织形式发生变革。传统的文化活动主要由政府或专业文化机构组织和管理，而现在越来越多的文化活动由社会各界的组织和个人自发发起和承办。这种由民间参与的形式使文化活动更加贴近大众，更符合大众的需求和兴趣，也更具创新性和多样性。

第四，现代群众文化活动的发展受到经济和科技的推动。经济的迅猛发展和城市化进程提高了人们的生活水平，使他们更能够支持和积极参与文化活动。同时，科技的不断进步也为文化活动的创新和发展提供更多可能性，如虚拟现实、增强现实等技术的应用，为文化活动增加新的元素和体验。"随着社会的发展，群众文化活动越来越多样化，群众文化活动的形式和场地也日趋多元。"①

总之，现代群众文化活动的蓬勃发展表现在大众的广泛参与、互动性和多样

---

① 张宝杰. 技术革新助力群众文化活动焕发新活力 [J]. 文化产业，2024（10）：115.

性上，同时也离不开传媒、社交媒体、组织形式的变革，以及经济和科技的支持。这一趋势将进一步促进文化多样性的传承和创新，提升人们的文化素养和幸福感，为现代社会注入更多文化活力。

▶ 第二节　群众文化活动的时代价值

群众文化活动在现代社会的发展中具有较高的时代价值，能够将社会经济水平显著提高，推动我国生产力的发展，同时群众文化活动随着人员的流动具有更大的影响力。相关部门单位需要加强对群众文化活动的重视，积极采取措施推动群众文化活动的管理创新，从而将其时代价值充分发挥出来，为文化事业以及社会的发展提供有力的支持。

一、保护民俗文化

在社会文化中，群众文化是其重要的组成部分。经过不间断的实践与探索，群众文化的形式、类型呈现出丰富多样的特点。而且，我国的国土非常辽阔，不同地区之间的群众文化活动具有一定的差异性，地域特征是较为显著的，其对当地传统文化的传承与发展有着重要的促进作用。例如在元宵节的时候，全国各地都会参与到节日的庆祝中来，吃汤圆、赏花灯是大多数地区的庆祝活动，但是在一些地区还会开展具有当地特色的群众文化活动。在群众文化活动的开展中，群众能够更深刻地理解与感受我国传统文化的魅力，对民俗文化的保护与传承具有重要的推动作用。

二、加强基层社会管理

群众文化活动的开展能够使基层社会管理水平进一步提高。其主要从以下几方面体现出来。

第一，将社区经营水平提高。在群众文化活动管理工作的开展中，管理的方式以及渠道都是多样化的，社区能够获得各个方面的信息数据，经过加工处理之后形成有价值的数据，从而成为社区管理人员做出科学决策的重要依据，能够将社区经营水平有效提高。

第二，对社区决策进行规范。对相关信息数据进行详细分析，对群众文化活动进行深入细致的了解。同时，社区结合自身的实际发展情况对各个方面的信息进行整合，确保做出的决策是合理的、规范的。

三、满足群众的精神需求，促进社会经济发展

随着时代的不断进步与发展，人们的物质生活水平在不断提高，群众逐渐加强对精神文化的追求。群众文化活动的开展能够有效实现这一目的，让人们在群众文化活动的参与中得到充分满足。同时，群众文化活动在社会经济的发展中具有重要的推动作用。在当前的时代背景下，群众的生活节奏是非常快的，学习与工作压力也是非常大的，休闲娱乐的时间是比较少的。

群众文化活动的开展，能够为群众提供轻松愉悦的环境，让群众放松身心参与其中，与他人进行友好的沟通交流，有效缓解工作、学习中的压力，带着积极向上的心态投入工作及学习中，为社会的建设以及经济的发展提供有力的支持。

▶ 第三节　群众文化活动的策划与组织

一、群众文化活动的策划

策划是一种策略、筹划、谋划或者计划、打算，它是个人、企业、组织结构为了达到一定的目的，在充分调查市场环境及相关联的其他环境的基础之上，遵循一定的方法或者规则，对即将发生的事情进行系统、周密、科学地预测并制订科学的可行性的方案。"群众文化活动应将创意融合到策划之中，不断丰富人民群众的业余文化生活，提升人民群众对文化的认识。"①

---

① 史维涛. 群众文化活动的策划与创意分析 [J]. 文化产业，2019，145（24）：49.

（一）群众文化活动的策划原则

第一，精心设计与策划。随着社会经济的不断发展，人民的思想意识和消费观念也在改变。因此，群众文化策划应紧密结合我国传统文化，紧密结合基层文化活动实际，以提高群众的综合素质与文化修养为前提，保障群众文化活动的健康和高效开展。此外，群众文化活动要不断创新，没有创新就没有进步，因此在进行策划时，要让更多新元素加入，让更多新的方法呈现，才能保证文化活动的持续发展。

第二，明确中心、准确定位。群众文化活动若是没有明确的中心和定位，就会导致在活动中迷失方向性、丧失价值、失去影响力。群众文化活动策划，必须随时关注活动的主体，以群众为中心，把服务放在首位，使文化活动富有趣味性与实用性。群众文化活动还要积极弘扬正能量，杜绝封建迷信及一切不良习俗，大力宣传积极健康的文化传统，以提高群众的文化知识修养，推动群众文化长久发展。同时，强调主流文化传播，紧密结合社会主义精神文明建设与核心价值观教育，不断提升群众文化的专业化水平。群众文化活动组织管理者必须具备一定的政治素质、文化修养与专业水平，保证文化活动的顺利开展。

第三，注重活动形式的多样化。认真分析当地传统文化等有利资源，倡导大力弘扬与传承传统文化精神。注重文化活动方式多样化，增强群众的新鲜感，调动群众参与活动的积极性。为满足群众文化发展需要，可以将文化型与捐赠型两种形式的活动结合起来，开展极具地方特色的文化活动。活动的策划组织者要深入群众之中，深入体验当地的文化特色，了解群众的感受、掌握群众的想法，策划出符合当地特点、服务于当地群众的文化活动，提高文化活动的层次和质量。

（二）群众文化活动的策划创意

1. 明确活动主体定位

群众文化活动要想策划出最佳的方案，策划者必须从多方面考量，准确定位。

（1）明确出发点。必须准备相关资源资料，科学合理地利用文化服务体系中的有利因素，全面考虑基层群众的文化观念，让群众了解文化活动的意义与价值，激发群众参加文化活动的主动性。

（2）明确活动主体。只有明确活动主体，才能有针对性地开展文化活动，否则就失去活动的意义与价值。策划要准确定位活动的主体即广大基层群众，并明确举办群众文化活动的目的、需要传播的思想意识等。

（3）做好活动预案。根据预测方案策划和组织文化活动，让群众广泛参加活动，感受活动的文化魅力，感受深层次的文化体验。这样才能不断提升群众的艺术文化修养，保证文化活动的质量，促进群众文化的发展。

2. 运用逆向思维方式

开展群众文化活动时常会遇到一些策划难题，这时策划者要懂得运用逆向思维，及时解决难题，以提高策划工作的工作效率。逆向思维也叫求异思维，它是对司空见惯或已成定论的事物或观点反过来思考的一种思维方式。让思维向对立面的方向发展，从问题的相反面进行深入探索，树立新思想，创立新形象。策划者在策划时通过对逆向思维的运用，可以让文化活动策划者及时发现策划中的不足，提高文化活动的质量。

逆向思维的运用不能过于死板，多从创新的角度出发，给文化活动增添创意，激发群众的参与热情。还应及时与群众共享信息，贴近群众需求，完善群众文化活动服务体系。比如每个地方的舞蹈特色各有不同，广场舞文化也有所不同，不同地区之间可以进行舞蹈交流，可以开展异地表演比赛，还可以开展合作创编。这样可以增进群众间的情感交流，促进身心健康，促进艺术素质提升，促进群众文化活动整体发展。

3. 融入商业运行模式

新时代群众文化活动要不断创新，可以有针对性地融入商业运行模式，以有效推动文化活动的开展。文化活动的策划组织者可以建立一个符合当地群众需求的商业服务组织，在运行中不断调整和优化服务制度，让参加活动的群众能有所收获。例如可以组织商业性与公益性相结合的展览活动，组织民间艺术品展示，邀请艺术家对展览作品进行详细讲评，让更多的群众参加观摩、欣赏，参加交流及交易。以此能够增加群众对文化艺术品兴趣，扩大文化艺术品的传播和交流。

4. 实施模式多样化

策划者要利用区域有利因素，结合传统优秀文化资源，策划多样化的群众文化活动方案，满足人民群众对文化活动的多种需求。

（1）策划者应将优秀文化与地域文化有机结合，充分利用非物质文化遗产资源，以丰富文化活动的特色和多样性。我国地大物博，各地区都有独特的地域文化和民间艺术。将这些特色文化融入活动中，不仅能让群众了解到更多的历史文化、民间艺术，还能增强文化活动的吸引力，使之一炮打响。同时，借助非物质文化遗产资源，还可以传承和弘扬我国优秀传统文化，让更多人了解和传承这些宝贵的文化遗产。

（2）策划者要积极与当地群众沟通交流，了解他们的意见和建议。群众是文化活动的主体，他们的需求和想法对于策划活动至关重要。通过与群众的交流，策划者可以更好地把握活动的方向，确保活动内容更加贴近群众，更好地服务于群众。此外，群众的参与和建议也有助于提高文化活动的质量和水平，使活动更具吸引力。

（3）策划者还须加大与相关文化艺术部门的合作力度。与其他部门共同策划文化活动，可以整合各方资源，提高活动的专业性和影响力。同时，合作还可以促使文化活动更具创新性和独特性，为人民群众带来更多丰富多彩的文化体验。此外，与文化艺术部门的合作还有助于推动文化产业的繁荣发展，提升我国文化软实力。

二、群众文化活动的组织

（一）通信联络系统的建立

群众文化活动的通信联络系统的建立应视活动的实际需要而定，不同性质的活动对于联络的要求也不相同，如广场活动、剧场文艺演出活动、公园游园活动等。通信联络手段分机械器材联络（如对讲机、手机、电话及其他通信工具等）和人体行为联络（如旗语、手势、喊话等）两类。主要联络布局可分三类：①指挥布局联络体系，如总指挥—副总指挥—分系统指挥—部门负责人—工作岗位。②专业布局联络体系，仅以文艺性演出活动为例，如总编导—分项编导—演出单位—舞台监督。③广场布局联络体系。由于广场群众文化活动的场地宽阔，岗位之间距离较远，因此减少中间环节十分重要。广场联络体系是在指挥布局联络体系的基础之上，将指挥员的指令直接与岗位连接，各分系统进行联络协调，保证联络速度是这个体系的关键。

（二）指挥系统的建立

指挥系统一般分成三级，即总指挥体系、分指挥体系和专业工作体系。由于群众文化活动的规模各不相同，其管理系统的具体构成可做适当调整，如将专业系统的指挥管理简化为各部门系统对所属岗位的协同管理等，分指挥系统通过专业部门行使管理权等。

（三）安全系统的建立

群众文化活动中安全系统的建立是活动组织建设的重要内容，是相对独立的保障系统，在遇到紧急情况时由公安部门的协同单独运作。主要内容包括人身安全、设施设备安全和器材物品安全等。

安全系统的布局应从活动的策划阶段开始，各业务系统的安排和工作部署应当经过安全系统的确认，并派专人与安全系统建立联络通道。安全系统的主要负责人要参加总指挥系统的工作，确保安全措施的顺利执行。

（四）票证的管理

群众文化活动的票证管理应当是后勤服务的一部分，但因其管理的特殊性又常常成为一个单独的系统。票证管理对保障活动的秩序起着至关重要的作用。大型群众文化活动组委会应进行票证管理：①票证的分类设计；②票证的制作流程；③票证的发放使用；④票证的广告性利用；⑤票证的保存等。

（五）后勤保障系统的建立

群众文化活动的后勤保障系统是服务型机构，其布局设置应视活动内容的需要而定。其工作大致可分为三类：①人员服务保证。如提供运送车辆、食宿安排、生活用品的提供、医疗卫生保障等。②器材设备服务保证。如服装保管、通信设备使用、广场活动的桌椅摆放等。③活动设施服务保证。如场地公厕保障、防风防雨设备保障等。

活动后勤保障体系应当与各业务部门保持密切联系，随时掌握后勤需求的变化，保证活动的正常工作秩序。

▶ 第四节　群众文化活动的分类管理与创新

合理的分类管理，可以确保各类活动有序进行，避免资源浪费。通过创新，可以激发群众的参与热情，提升文化活动的品质和影响力。

一、群众文化活动的分类管理

群众文化活动分类管理，涉及不同类型的文化活动的组织、实施和监督。

（一）群众文化理论研究活动的管理

1. 群众文化理论研究活动内容

群众文化理论研究的内容主要包括基础理论和应用理论两大类。

基础理论主要是研究群众文化的基本规律，包括群众文化史、群众文化学等；应用理论主要是探索现阶段群众文化工作实践中出现的各种问题，包括群众文化事业的改革与发展、体制机制创新等。基础理论揭示群众文化的本质和普遍性、抽象性的发展规律，注重理论的科学性、系统性和逻辑性；应用理论是以基础理论为指导，摸索群众文化实践中总结的特殊性、具体性发展规律，注重遵循实事求是、以人为本、与时俱进的理论研究原则；两者间存在着相辅相成、指导与被指导、发展与创新的理论研究关系。

2. 群众文化理论研究活动步骤

群众文化理论研究活动主要包括研究课题的设定、工作方案的制订、参加人员的选定、相关资料的搜集、研究报告的形成、研究成果的应用等步骤。

课题是理论研究的最基本单元，研究课题的设定即是将群众文化工作中存在的主要问题或亟待解决的重要事项，确定为研究和讨论的对象。

工作方案的制订即是针对研究对象制订可操作的工作实施方案，应包括课题的基本情况、课题的研究目的、课题研究的基本思路和具体措施、研究成果的应用与推广等内容。

选择合适的人员参与课题研究，就是要保证课题组内，既有具备理论研究能力和组织协调能力的课题组组长，也要有开展调查分析、整理资料、撰写报告的研究人员，还要有致力于培养青年研究者和业务骨干的人员。

搜集相关资料即是要与总结自身实践经验相结合，广泛收集国内外同领域内或相关联的跨行业的数据、信息并进行综合分析及预测。

研究报告的形成和研究成果的利用，则是在前期学习、交流、调研、思考、总结、鉴定的基础上起草、完善研究报告，并在实践中利用研究成果指导实际工作取得成效的过程。

3. 群众文化理论研究活动的基本要求

群众文化理论研究活动的基本要求如下。

（1）研究课题的有效性。研究课题的有效性是强调在选择和确定研究课题时，必须首先要保证研究课题对解决群众文化实践中具有普遍意义的特定问题能起到有效的指导作用；其次应将理论同实际工作联系起来探索、创新应用的新途径，或将实践工作经验总结和提炼为能丰富群众文化基础理论内容的一般性规律。

（2）研究目的的针对性。研究目的的针对性是强调课题研究要根据群众文化实践的需要，对其中某个领域中存在的主要矛盾或重要问题进行分析和研究，提出有明确指向性的解决办法及措施，对群众文化事业改革与发展具有现实意义或对群众文化应用理论建设具有学术价值。

（3）研究过程的可行性。研究过程的可行性是强调研究程序上的可操作性。首先要有适于从事该课题研究的具有实践经验和学术研究能力的人员；其次要确定因地制宜、范围适度、目标集中的课题任务和科学规范的研究步骤；最后要有保障课题研究能正常开展的必要经费和设备。

（4）研究成果的功用性。研究成果的功用性是强调课题研究成果在指导群众文化实践、解决具体问题中所体现出的功能和发挥的作用，从而反映出群众文化理论研究的实用价值。为保证研究成果具有较好的功用性，必须从课题的选择、调研的过程入手，做到三个坚持：坚持做到贯彻落实"两方向"，坚持做到课题研究遵循"先进性、适用性、有效性"原则，坚持做到将解决群众文化事业当前存在的实际问题与长远发展规划结合起来。

4. 群众文化理论研究活动过程的管理

（1）群众文化理论研究课题的管理。群众文化理论研究课题管理工作的程序分为课题的选择、课题评审、课题实施、课题成果鉴定四个阶段。

第一，组织研究人员认真学习国家及地方的文化方针、政策，结合当前的群众文化工作任务，明确课题研究服务方向，认真调查研究，了解国内外有关领域内的文化发展动态，并经过综合分析和预测做出研究价值评估，确定合适的选题。

第二，从研究目标和内容的重要性与必要性、研究方案的可行性、研究成果的预期前景等方面对课题研究进行评审。

第三，在课题实施阶段要依据签订的课题研究合同，认真抓好组织检查与分工落实工作。

第四，对于群众文化理论研究成果的鉴定，从创新性、先进性、适用性、效益性四个方面给予科学的评价。

（2）群众文化理论研究人员的管理。群众文化课题研究是一项团队合作任务，体现研究团队的集体智慧和团结协作的工作作风。对课题研究人员，应重点从合理安排人员分工协作、发挥研究人员专长、建立研究课题激励约束机制三方面做好管理工作。

第一，合理分工。有负责课题工作总体规划的组织负责人员，有负责参与课题调研、分析资料、撰写报告的课题实施人员，有在课题组内负责传递和汇总信息、收集相关信息资料、安排研究工作日程、做好后勤服务的课题协调人员，有向课题组提供专业指导和咨询的专家即课题顾问人员等。

第二，根据人员的分工、专长、年龄、职称、性格等特点进行合理的人员搭配，在课题研究中尽可能地发挥他们的业务特长。

第三，通过实施合理的奖惩管理制度调动他们的积极性，在团队内部营造良好的学术研究氛围和业务交流环境，从"以人为本"的角度保证课题研究的质量和效果。

（3）群众文化理论研究成果的管理。群众文化研究成果的管理是在学术研究成果鉴定的基础上，对研究成果进行登记、建档、上报、申请奖励、交流、推广、应用等工作环节实施的管理。对研究成果的管理，既是对课题研究过程做全面、系统的梳理和总结的过程，也是将课题研究理论成果转化为长期推动群众文化事业发展创新的实践动力的过程。因此，课题管理者要把研究成果管理作为推动课题实现社会效益和经济效益最大化的关键工作，常抓不懈。

5. 群众文化理论研究活动成果的管理

群众文化理论研究从实践中来，最终还要到实践中去检验。群众文化理论研究成果的转化与利用是理论研究工作的重要目的，也是理论研究为群众文化工作服务的出发点和落脚点。研究成果转化与利用的目标，就是要发挥理论研究成果对群众文化实践活动的指导作用、对政府文化决策的参考作用，以及对群众文化理论研究的推动作用。

为实现以上目标，首先要对群众文化理论研究成果有正确的认识。研究成果的数量和质量是一个地区群众文化事业发展水平的主要标志，是衡量各项群众文化工作成效的重要尺度，也是推动群众文化创新发展的宝贵信息资源。其次要为理论研究成果的转化与利用提供试验田，采取先试点、再推广的方法，在充分总结试点经验和教训的基础上逐步推广。再次要加强对群众文化理论研究成果的广泛宣传，通过各类社会媒体和群众文化理论学习交流活动推广研究成果，力争使其在更多单位和地区被使用。最后要在实践中不断完善和发展理论研究成果。任何理论研究成果都有一定的适用条件，随着地区精神文明和物质文明的进步、群众文化事业的日益发展，群众文化理论研究成果要不断适应新形势的需要，自觉补充和更新内容，在有必要、有条件的情况下，应深入开展二次课题研究。

此外，还要以积极、客观、包容的态度对待理论研究成果的转化与利用。既要肯定理论研究成果对推动事业创新发展的必然性作用，在实际工作中大胆运用理论研究成果；同时也要正视新事物、新成果的风险性，结合实际工作，以稳中求进的方式逐步推进理论研究成果的转化与利用，最大限度地降低并化解风险。

（二）群众文艺活动的管理

1. 群众文艺演出与比赛活动的管理

（1）群众文艺演出活动的管理。

第一，群众文艺演出活动内容的管理。群众文艺演出活动内容的管理，即保证群众文艺演出活动的内容能够做到思想性、艺术性、观赏性的有机统一。在演出活动内容的管理上，需要通过"四个坚持"，不断提升群众文艺演出内容的政治质量、精神质量和艺术质量。

一是坚持正确的宣传导向，将群众演出活动作为坚持先进文化的前进方向、贯彻科学发展观、推进社会主义核心价值体系、宣传党和国家路线方针政策的重要文艺载体。

二是坚持正确的文化立场，弘扬真善美，贬斥假丑恶，发挥文化引领风尚、教育人民、服务社会、推动发展的作用。

三是坚持寓教于乐的演出艺术表现手段，弘扬主旋律，传承优秀民族民间文化，根据每个地区群众不同的文化需求和地方文化风俗，把群众喜爱的演出艺术活动送到基层，创作出高水平的群众文艺作品，在广大群众中引起反响、形成互动，让群众在陶冶情操、愉悦身心的同时能受到教育。

四是坚持与群众的生产、生活实际相联系，群众文艺演出活动的内容要贴近实际、贴近生活、贴近群众，把握群众的文化脉搏，了解群众的活动期望，以多元化的文艺手段展示植根于基层、普通群众身边的好人好事，演群众想看的戏、讲群众想听的故事、跳群众喜爱的舞蹈，以"群众演群众""群众看群众"的专有演出活动的方式丰富演出活动的内容，使活动可亲可信、深入人心。

第二，群众文艺演出活动人员的管理。人员管理即通过培训、辅导、排练、表演的过程，实现发现人才、培养人才、用好人才的目标，调动人力资源完成演出的组织、筹备和演出现场的舞台表演及服务工作。

群众文艺演出活动内容丰富、互动性强，参与演出活动组织、服务的人员业务种类较多，大体可包括演出活动的策划人员和决策人员、文案人员，文艺节目创编和辅导人员，导演（总导演）、演员、演出统筹人员，舞台美术（包括布景、灯光、化妆、服装、效果、道具、音乐等）工作人员、摄像（照相）人员，后勤保障人员和安保人员等。各个岗位的工作人员应在决策人员和总导演的指挥下，分工合作、密切联系，形成一个完整的演出活动现场工作管理组织，共同完成制定演出活动方案和流程，编排文艺作品，辅导组织演员，舞美设计布置，演出协调，领导、嘉宾、评委等的邀请接待，观众组织，后勤服务及撤场，安保巡视等工作。因此，做好演出人员管理工作的重点是科学领导、智慧决策，分工明确、责任落实，密切配合、协同作战。

第三，群众文艺演出活动质量的管理。群众文艺演出活动质量的管理，即通过比赛、观摩、交流、评比等手段，不断提高演出活动的策划组织水平、艺术表演质量。无论是通过竞争的方式还是通过学习的方式，群众对演出活动的要求通常受到活动时间、活动地点、参与活动对象、社会环境和活动竞争等因素的影响。这些因素变化，会使群众提出许多不同的新的活动要求。活动的策划组织水平和质量不仅体现在活动的内容和形式上，而且也体现在活动的服务管理环节中，并随着社会的发展、技术的进步而不断更新和丰富。加强对群众文艺演出活动的创新，不断挖掘活动的文化特色，努力满足群众对演出活动不断提高的实用性文化需求，是提高演出活动水平和质量的关键。

提高活动的策划组织水平要注重提高获取和科学处理各方面相关信息的能力，提高对群众文化发展变化的预见能力及根据文化资源发挥创造性思维的能力，提高在活动组织实施过程中科学决策、统筹协调、调整反馈的能力。提高演出活动的质量则要注意树立以群众的文化需求为中心和打造群众文化活动品牌的观念，加强对活动组织者履行标准化服务流程、开展个性化服务的教育与培训，完善活动的监督执行和整改评估机制。

（2）群众文艺演出类比赛活动内容的管理。演出类比赛活动的特点是：具有明确的演出规则、严格的评审标准、确定的演出次序、明晰的比赛结果。演出类比赛活动过程的管理应注意的问题是：人员分工要明确，指挥调度要严格，应对变化有预案，比赛结果要公平。

演出类比赛活动内容的管理主要包括比赛方案的制定、比赛场地的选择、比赛流程的安排、比赛标准的拟定、比赛过程的掌控等方面。

第一，比赛方案的制定。制定演出比赛活动方案除对常规的活动要素做出说明外，重点根据不同艺术门类的特点和比赛的目的对参与比赛活动的形式做出准确的说明。以舞蹈比赛为例，明确参赛的舞种和形式，如民族舞、古典舞、现代舞、拉丁舞和独舞、双人舞、三人舞、群舞等，对各单位报送参赛作品的名额做出明确的分配，对舞台上的统筹和布置工作、现场观众的组织工作要做出明确的部署。

第二，比赛场地的选择。对于演出比赛场地，围绕演出活动的经费、活动定位、活动规模、气候和自然环境条件、交通情况、场地设施情况、出席活动领导和嘉宾的情况等做出综合分析和选择。

第三，比赛流程的安排。演出比赛流程是对活动方案主要内容安排的程序化介绍，按照活动开展的先后顺序和时间节点对各项比赛工作进行简要说明，使相关人员对比赛流程有一定的了解。

第四，比赛标准的拟定。比赛标准、评委打分和公布比赛结果关系到比赛活动的质量和公平性。因此，制订比赛标准要公开、透明，并与群众演出的实际水平相适应，邀请的评委应老、中、青结合，不仅要求具备较高的专业水平，而且应当熟悉群众文化活动的规律，重要演出比赛的结果应进行公证和公示。

第五，比赛过程的掌控。演出比赛过程的掌控是指对比赛开始到比赛结束全部过程的控制、协调，包括：制订计划、发出比赛通知、组织报名、训练彩排、赛前准备（场地布置、人员分工、组织评委、准备奖品等）、赛前检查和向上级汇报、组织比赛、接待领导、组织观众、维护现场秩序、解决比赛中的问题、核对分数、宣布比赛结果、颁奖、组织退场等。演出比赛的掌控工作一般由现场总指挥和活动总导演牵头负责，并组织各个岗位工作人员分工实施。

群众性演出比赛活动不同于专业演出比赛活动，它不仅承担着参与比赛的群众间、演员间、地区间交流技艺、自娱自乐的任务，而且带有浓厚的"友谊第一、比赛第二"的艺术竞技的特点。比赛的规则、标准、次序要明确，有利于参赛者和参赛团队在同一标准上发挥和展示各自的艺术水平，方便互相比较和学习。对于演出次序，结合实际情况有依据、按程序制定，还要人性化地体现"群众文化为群众"的特点。在条件允许的情况下，应尽可能安排老年组、少儿组演出项目优先比赛，体现"尊老扶幼"的比赛理念。参与演出比赛活动的人数较多，在台上台下、场内场外有参加比赛的选手、观看比赛的群众、参加打分的评委、参与比赛活动的组织人员、场地的物业工作人员、媒体记者、安保人员及为比赛提供服务的临时雇佣人员等，具有岗位类别多、分工细腻的特点。

因此，在组织演出比赛活动时必须构建统一、高效的指挥、通信系统，严格按照业务流程和岗位职责开展工作。比赛活动特别是大型比赛活动都面临着因突发性自然力量或人为力量导致的变故。针对这类情况，比赛的组织者要有清醒的安全意识和超前意识，在制定活动方案时就要将突发变故的偶然性当作必然性来对待，有预见性地制定活动预案，从演出安全、人员疏散、紧急救治、安全保卫、信息发布、通信联络等方面做出周密的部署，有条件的应进行赛前演练。

2. 群众文化展览展示及比赛活动的管理

（1）群众文化展览展示类活动的管理。

第一，展览展示活动内容的管理。群众文化展览展示活动内容的管理主要包括：设计方案的制订、展出内容的把握、展品展台的选择、布展设台的安排、现场观众的组织、场地安全的布控、展后工作的处理等。

群众文化展览展示内容管理要重点把握：①主题性，即弘扬主旋律、倡导积极健康的文化理念，切合展览的文化主题；②代表性，即能代表一个地区或一个领域内的群众文化艺术水准；③独特性，即能展示独特的文化魅力。布展的重点是以展品为中心，以展台、展架和辅助性器材为依托构建完整的展览展示系统。展品可以是实物、模型、图表、资料、照片、道具等，借助视频、音响、灯光、讲解人员等增加视觉冲击力和渲染力。采取多种安全措施保护好现场有较高价值的珍贵群众文化展品，提前准备好解说词，对参观的群众要进行通俗易懂的讲解，对前来学习交流的群众文化同行要给予深入、详细的专业讲解。

第二，展览展示活动形式的管理。展览展示活动形式的管理包括布展场地的确定、展览规模的控制、展线长度的设定、科技手段的运用、辅助设备的准备、参展资料的编发等。

群众文化展览展示活动具有较强的灵活性，根据活动的需要，既可以在室内或室外举办，也可以在专业展览馆或文化站（室）、社区（村）举办。展览的规模、展线的长度取决于展品的数量和内容，并与展览展示的设计思路、管理方式、经费预算有关。对展出规模和展线的控制要适量、适度，以能够传递给观众清晰、准确、整洁的展览展示信息为主要依据。办展览时运用科技手段、使用辅助设备、发放参展资料，能起到事半功倍的宣传效果。例如在互联网上举办的展览被称为"永不落幕"的展览会，不仅能够补充实物展览的不足，而且成本低、影响广泛；灯光、音响、视频、广告板等辅助设备能够为展品营造出高雅、厚重、时尚等不同格调的文化氛围，是对展品的生动解读；参展资料可以图文并茂、声像并茂，便于参观群众随身携带、随时阅读。另外，还要注意参展项目现场表演人员与观众的互动交流，选择合适的展位和空间，便于人流的活动，准备必要的交流材料，以增强互动交流的效果。

第三，展览展示活动质量的管理。展览展示活动质量的管理包括受众人群的统计、观众舆论的收集、展出水准的评估、效益效果的评价等。

群众文化展览展示活动是群众展示文化艺术才能、交流文化艺术体验、继承文化艺术传统、传播先进文化理念的群众性宣传教育活动。展出活动应以群众创作的艺术作品为主要媒介，营造人与人进行文化情感沟通的特定文化氛围。参与展览展示活动的群众不仅包括展品的作者、展览的组织单位和支持单位的人员，以及观赏展品的普通群众和各级领导，而且包括参与交流学习的群文工作者和具有一定技艺水平的文艺爱好者、媒体记者等。

对以上受众人群参展后感受的收集整理，作为展览展示活动质量管理的重点，纳入展出水准的评估、效益效果的评价之中。评估、评价工作包括对展出成本效益的评估、宣传质量效果的评估、预期目标完成情况的评估、参展人员数量和构成、参观平均时间的统计、相关社会意见建议的反馈分析、展位展线艺术表现效果的满意率等。评估、评价工作的意义和作用在于对展出活动的全面总结和科学分析，对展览的实际效果提供客观的结论，为今后办好相关展览提供依据和经验。

（2）群众文化展览展示类比赛活动内容的管理。比赛活动管理的特性：一是比赛组织的严密性，二是作品安全的保障性，三是现场人员的流动性，四是评审结果的相对性等。比赛活动过程的管理，包括作品安全的管理、现场秩序的管理、作品评审的管理等。

第一，比赛作品的选定。群众文化展览展示类比赛活动主要有书法比赛、绘画比赛、摄影比赛、手工艺作品比赛等，对这些艺术门类参赛作品的选定，主要应涉及作品的主题、作品的艺术表现手法、作品的数量、作品的规格、作品的知识产权等。

第二，比赛场地的选择。比赛场地可以根据展览的目的、展览的规模、展览的经费预算、展品的性质等做出灵活的选择。适于组织展览展示类比赛活动的场地可以分为室内场馆和露天展馆、专业展馆和综合展馆以及近些年随着科技发展兴起的网络展馆、手机展馆等。

第三，比赛标准的拟定。比赛标准要根据不同艺术门类的特点拟定，一般要根据不同的参赛组别从参赛作品的健康性、完整性、美观性、艺术性、创新性等方面进行综合评定。如摄影比赛可以从主题内涵、画质构图、视觉效果、创意方向、文字描述等方面设计评定标准。各项群众性展览展示比赛都不尽相同，比赛组织者应根据地方的实际情况设计具体的比赛标准，广泛调动群众参与活动的热情和积极性。

第四，比赛结果的公布。比赛结果的公布要按照"公平、公正、公开"的原则进行，应对本次比赛的参与情况和评审情况做出总结，可以举办规模灵活的颁奖仪式并组织适当的宣传，避免活动"虎头蛇尾"的现象出现；规格高、规模大的比赛活动要对比赛结果进行公示和公证。

群众文化展览展示类比赛活动具有严密的组织程序，认真做好制订展览展示方案、确定比赛程序和评选细则、发布比赛通知、开展比赛宣传、收集各类参赛展品、确定比赛场地、组织布展和撤展、组织群众参观、邀请评委打分、汇总比赛成绩、公布比赛获奖结果、组织比赛颁奖仪式、完成赛后总结、评估和归档等工作。

群众文化展览展示类比赛活动还应采取多种措施保证展品的安全：一是比赛

过程中要加强与公安、消防、场地保卫部门的密切协作；二是加强对比赛组织机构工作人员的专业培训，在展品收集、保存、运输、布（撤）展、展品返还的各个环节中按照规范进行操作；三是选择安全可靠的邮递、仓储、包装、展览等比赛合作服务商；四是为展品选择合适、安全的展览场地和展台、展柜，为价值高的展品上保险；五是加强对参赛者保护自己展品的意识等。

与欣赏演出比赛的观众不同，欣赏展览展示类比赛的观众流动性强，注意做好场地卫生、秩序维护、控制人流密度、预留紧急疏散通道等工作。展览展示类比赛往往举办时间相对较长，而且比赛环节较多，对比赛过程的管理重点涉及相关人、财、物的安全秩序维护，比赛评审过程的公平。特别是由于很难为艺术作品评审划定精确、统一的比较尺度，而且每个评委不同的艺术阅历、不同的艺术喜好、不同的艺术审美倾向往往导致了"仁者见仁、智者见智"的评审结果。因此，比赛组织者要加强学习和研究，尽可能科学地制定比赛程序、因地制宜地制定好比赛评审细则，建立评委专家库，选拔、组建好评委会，用好媒体的监督服务功能。同时，参赛者对艺术类作品评审结果要带着包容、欣赏的态度去看待，以重在参与、学习、交流的心态参加比赛活动。

3. 群众文艺创作活动的管理

（1）群众文艺创作内容的管理方法。对创作内容进行管理的重点是：坚持社会主义先进文化的前进方向，践行社会主义核心价值观，内容要体现中国特色社会主义的共同理想；体现以爱国主义为核心的民族精神和以改革创新为核心的时代精神；体现社会主义核心价值观。遵循以人民为中心的创作导向，坚持正确的文化立场，弘扬真善美，贬斥假恶丑，力求创作出思想性、艺术性、观赏性相统一，群众喜闻乐见的优秀群众文艺作品。

群众文艺创作的内容要从实际出发、从文艺创作规律出发，树立群众文化精品意识，坚持遵循"小题材、小投入、小制作、大效益"的创作方针。坚持"四个结合"：坚持弘扬主旋律与提倡多样化的结合，坚持民族文化传统和发掘时代创新精神的结合，坚持群众文艺创作新品与精品的结合，坚持舞台艺术与非舞台艺术的结合。处理好主旋律与多样化的关系、地域性题材与多样性题材的关系，在热情歌颂中华民族的文化传统和精神风貌、新时代的辉煌成就和模范人物的前提下，创作出群众喜闻乐见、生动活泼、风格迥异的各类群众文艺作品。

（2）群众文艺创作队伍建设的方法。对群众文艺创作队伍的建设，主要应从四个方面着手。

第一，坚持业余创作队伍与专业创作队伍的结合，不断扩大和壮大群众文艺创作队伍。业余文艺创作者来自社会各行各业，其优势是能够广泛收集生产、生活各领域中极其丰富的文艺创作素材，同时对文艺创作充满热情，能够自觉、主动地参与文艺创作；专业文艺创作者具有接受过某个艺术门类的专业训练、有敏锐的创作捕捉能力和创作研究能力的优势。在文艺创作中，将两者的优势相结合，通过各类活动搭建彼此学习、交流的平台，有利于提高群众文艺创作队伍的整体水平。

第二，通过活动发现和培养创作人才，组建文化艺术团队、协会等团体。举办各类群众文艺创作比赛、交流、展览等活动，能够为广大文艺创作爱好者提供展示、交流的平台，能够为文艺创作活动管理者提供发现和培养有潜力的文艺创作人才的机会。在举办文化活动以外，日常培养创作人才的有效手段是组建专门的业余文艺创作组织，并能够让群众文艺创作者有机会接受专业的、长期的、系统性的训练，不断培养他们的创作个性和创作风格；同时，有利于培育和形成以群众文艺创作团队、协会等为主体的地区群众文艺创作骨干力量。

第三，通过举办高水平的群众文艺创作活动，呈现"出作品、出人才"的群众文艺创作格局。举办高水平的文艺创作活动，可以对群众文艺创作起到积极的引领和导向的作用。通过对参加活动人员的范围、结构等提出要求，对创作作品的主题、内容、形式、艺术技法等提出要求等，有利于促进群众文艺创作人才和作品的目标化、精细化培养。在群众文艺创作活动举办过程中，群众文艺创作人才、作品之间的同台竞技与展示，可进一步加强彼此间的学习与借鉴，并通过活动中涌现的优秀文艺创作作品，表现出群众文艺创作活动发展、繁荣的景象。

第四，运用评比、奖励等各种方式鼓励业余作者进行文艺创作，推动群众文艺创作水平的提高。评比、奖励等手段为群众文艺创作者切实提供了开展业余文艺创作的精神动力和物质动力。参与群众文艺创作活动的优胜者、获奖者不仅能够获得标志一定艺术水准的荣誉奖项、出版相关的作品集、获得宣传报道和职称评审破格等机会，进一步增强创作的自信心，而且有机会获得奖励经费、创作设备、辅导培训、社会赞助等方面的物质奖励，为今后开展文艺创作活动积累必要的物质保障。

4. 群众文艺创作成果的展示方法

充分发挥群众文艺创作成果的社会效益，采用各种手段进行宣传和传播。

（1）群众文艺创作成果按艺术形式展示。群众文艺创作成果按艺术形式展示包括动态艺术形式的展示、静态艺术形式的展示、动态与静态艺术形式共同展示。动态艺术形式的展示主要集中在对音乐、舞蹈、戏剧和曲艺等艺术门类的群众文艺创作作品进行演出展示；静态艺术形式的展示主要集中在对美术、书法、摄影类的群众文艺创作作品进行展览，以及对出版图书、登载报刊等方面的展示；动态与静态艺术形式共同展示，则是对不同艺术门类的群众文艺创作作品进行动静相间的综合性文化展示。通过舞台表演、群众互动文化活动、文艺作品展览、创作实物展示、文艺创作图文资料发放及售卖等文艺展示方式，集中向社会进行宣传和传播。

（2）群众文艺创作成果按传播方式展示。群众文艺创作成果按传播方式展示包括：以报刊、图书等平面媒体及广播、电视、网络等电化传媒的方式进行成果展示；以演出、展览、现场演示等形式进行成果展示。平面媒体和电化传媒是群众文艺创作成果面向社会开展普及性宣传的有效方式，具有传播范围广、速度快、受众群体分散等优点，特别是网络媒体突破传统媒体传播的时空局限，实现全天候、广覆盖、能互动的媒介传播方式。群众文艺创作成果以演出、展览等形式进行的现场展示是面向特定群体开展针对性或提高性群众文艺创作宣传的有效方式，具有欣赏效果真实、互动性与时效性强、受众群体集中、传播效果显著等特点。在实际活动中，管理者应根据群众文艺创作成果的艺术规律，将媒介成果展示法与现场成果展示法结合使用，在传播推广中妥善处理好群众文艺创作成果普及与提高、一般与重点的关系。

（三）基层群众文化活动的管理

1. 家庭群众文化活动的管理

家庭群众文化活动的管理一般应遵循的原则和办法如下。

（1）家庭群众文化融入区域文化建设的整体规划。家庭群众文化活动是群众文化活动的有机组成部分。家庭群众文化活动应当纳入地域文化建设的整体规划，并应与社区（村）群众文化活动共同规划，形成互动和互补。

家庭群众文化活动既有其独特的文化魅力，也是构成各类群众文化活动的基本组成要素。几乎每个群众文化活动参与者的背后都有来自家庭的支持和鼓励，大部分文艺骨干在成长中都得到过家庭的艺术引导或熏陶，家庭文化活动作为社区（村）文化的细胞，在细微处体现和展示着不同地域的文化内涵。

在地区文化建设规划中，不仅要对开展标志性、主题性的群众文化活动提出发展思路，而且要把家庭文化活动当作保证各项优秀基层文化活动可持续开展的基石，对其进行认真的研究和规划。做好家庭文化活动规划，从地区文化建设的总体目标着手，结合不同家庭文化活动开展的实际情况从活动特点、参与活动的成员、家庭文化氛围的营造、政府拟定的扶持措施等方面综合考虑，统筹做好相关规划的酝酿、制定工作。

（2）根据需求提供辅导、指导等各类服务。抓好家庭群众文化活动的管理，还应组织群众文化优势资源，根据需求为家庭群众文化活动提供辅导、指导以及必要的服务。

第一，通过举办各类讲座、展览、交流、竞赛和参加地区群众文化活动的方式，定期对家庭群众文化活动骨干进行培训，根据活动组织者的要求有侧重地讲授活动组织、文艺技能等方面的知识，提高他们的文化艺术水平和组织活动的能力。

第二，以优秀群众文化工作者和文化志愿者为主体，邀请部分专业艺术人才对家庭群众文化活动骨干进行辅导培训，并积极整合地区工会、共青团、妇联、教育、民政系统及驻地共建单位的相关文化人才资源，对家庭群众文化活动骨干进行业务指导。

第三，利用好图书馆、文化馆、文化站、工人文化宫、青年宫、少年宫、少年之家、社区（村）文化活动中心（文化大院）等公共文化设施资源，为家庭群众文化活动提供服务。各级政府和文化管理部门也可以根据实际情况为骨干文化家庭添购必要的活动器材、学习资料或适当给予补贴、奖励。

（3）尊重历史文化传统与群众意愿。家庭群众文化活动是以家庭为基本载体，成员间根据个人的兴趣爱好、审美取向、文艺特长共同组织开展的创办于家庭、服务于家庭的群众性休闲娱乐活动与文化教育活动。组织开展家庭群众文化活动，尊重历史文化传统和活动规律，尊重群众意愿。活动方式能够适合以家庭为单位进行或适合家庭成员集体参与，注重引导家庭群众文化活动健康发展。

在举办家庭文化活动时，既要保持尊老爱幼、勤俭节约、助人为乐等中国家庭的传统文化美德，又要尊重家庭成员和周围街坊邻居等与家庭相关人群的意见和建议。一方面要启迪文化活动思路，努力营造和谐的文化氛围；另一方面要告知他人争取别人的支持和理解，不妨碍他人的日常生活。开展活动的形式和内容要符合家庭的实际情况，应多举办如书法、绘画、音乐、摄影、舞蹈、文学创作、手工艺制作、影视欣赏和评论、棋牌等家庭成员易参与、互动性强、对空间需求有弹性的文化活动。各种家庭文化活动都应积极传播社会主义核心价值观，在文明、祥和的文化艺术氛围中融洽家庭成员间的感情，提高家庭的凝聚力。

（4）培育和发展具有特色的文化户。培育和发展具有特色的文化户（文化家庭），在家庭群众文化建设中具有重要作用。培育和发展文化户（文化家庭）重点应做好以下三方面的工作。

第一，抓好文化户（文化家庭）的基本硬件条件建设。作为文化户要遵纪守法，操守社会公德，热爱公益事业，邻里关系良好，知书达理、愿意为群众服务；家庭成员要有一定的文化艺术特长和修养，能继承中国家庭的优良传统文化；家庭主要成员应长期居住在本地，家庭居室环境整洁，具有一定的接待能力；能够积极主动地参加文化部门、街道（乡镇）及社区（村）组织的各类文化艺术活动；有条件的应能完成上级布置的宣传任务，乐于配合媒体的采访。

第二，帮助文化户（文化家庭）达到文化部门或街道（乡镇）制定的有关艺术水准的量化标准。例如对本地区的文艺展演类特色家庭可以提出"家庭成员中有 X 人以上具备舞蹈、音乐、戏曲、曲艺等艺术门类的展演才能，有一定的表演水平；展演节目的内容比较丰富，应达到 X 个以上，既有传统的，也应有自创的；具有演出所需的简单服装、道具和相应的化妆能力；具有组织小型群众文化活动，辅导小型群众业余文艺演出团队的能力等"。

第三，抓好文化户（文化家庭）的日常管理。管理部门要经常关心文化户的活动情况，对于遇到的困难和问题应提供必要的帮助；对文化户开展的文化艺术活动应给予必要的辅导；搭建平台给予文化户必要的表演展示机会；对成效突出的文化户可按照"家庭自荐、群众推荐、组织公示"的程序给予必要的表彰和资格审核。

（5）积极搭建家庭群众文化活动平台。以演出、展示、交流、比赛等各种形式搭建家庭群众文化活动平台。家庭群众文化活动不只是在一个家庭内部成员之中开展文化活动，更多的是要在不同家庭成员之间开展共同参与、互相切磋、同台竞技的文化活动。举办多种形式的家庭群众文化活动是提高家庭文化活动水平、发现群众文艺人才、丰富地区文化内容、展示群众精神风貌、倡导健康文明生活方式的需要。地方政府及文化部门要努力发挥家庭群众文化活动中所突出的充满人类高尚亲情与爱情的文化感召力的作用，将搭建家庭群众文化活动平台作为建设地区基层文化阵地的重要内容，落实推动家庭文化活动"自我参与、自我发现、自我欣赏、自我发展"的工作措施。

在家庭群众文化活动中应注重发挥当地妇联的组织协调作用，多渠道搭建家庭群众文化活动平台，充分发挥其社会文化价值。例如精神文明建设、文化宣传、党员学习、司法普及、体育健身、卫生保健、计划生育、校外教育、公益慈善等主题工作，都能够通过不同的活动内容和形式与家庭群众文化活动相结合。

各地区的妇联组织在推动和谐家庭文化建设方面具有丰富的经验，他们组织开展的相当一部分家庭文化活动已具有地区文化品牌效应。因此，文化部门要加强与当地妇联的合作，共同搭建起广阔的家庭文化活动舞台。

2. 社区（村）群众文化活动的管理

（1）社区（村）群众文化活动的重要作用。

第一，社区（村）是文化建设与社会建设的契合点，是村落开展群众文活动的重点。社区（村）将生活或工作在固定地理区域中的人们密切联系在一起，共同的生存环境和需求，让居民（村民）之间在许多方面形成一致的意识和利益，并体现出带有鲜明地域特色的文化。社区（村）文化是社区（村）建设的基本要素，具有满足群众基本文化需求、教育娱乐群众、规范思想行为方式、传承文化成果、增强群众地域认同感和归属感、促进地区经济发展等功能。村落与社区不同，村民间往往有着世代相传的血缘关系，基本的生产、生活方式趋同，许多村落的地理位置相对偏僻，这让在村落举办群众文化活动有着更加扎实的群众基础和更加迫切的群众文化需求。

第二，社区（村）群众文化活动是居（村）民享受基本文化权益的重要形式。社区（村）群众文化活动便于群众就近参加，符合便利性原则，也符合群众文化活动灵活机动、小型多样的原则。同时，社区（村）举办的群众文化活动一般具有较强的针对性，通常活动组织者来自街道乡镇或社区居委会、村民委员会和驻地单位，能够比较充分地了解地区群众的人员结构、知识层次、兴趣爱好、作息时间等情况，在此基础上结合自身区域文化资源优势，组织开展艺术类群众文化活动及与体育、教育、卫生、普法、党建等相关联的文化活动，容易吸引当地群众积极参与。这些活动既有定期组织的群众性文化娱乐活动，如在春节、端午、中秋、五一、七一、十一等节日期间举办的社区（村）节庆文化活动，也有长年累月坚持开展的社区（村）阵地文化活动，如扭秧歌、跳交谊舞、读书、看报等，群众将社区（村）开展的各类群众文化活动总结为"文化娱乐穿线，集体活动织网，共建欢乐家园"。

社区（村）文化活动中常出现以本社区（村）真人、真事为素材创编的群众文化艺术创作，鲜活的艺术形象和内容也是较容易引起群众关注和共鸣的主要原因。社区（村）群众文化活动在家门口举办，在客观上为群众就近参与活动提供交通上的便利和地域上的亲切感，能够与亲戚、朋友、同事、邻居等一同参与活动并形成互动，在轻松休闲娱乐的同时达到人与人之间沟通交流、增进感情的目的。社区（村）群众文化活动"灵活机动、小型多样"的特点，保证了活动的普遍性、连续性、丰富性、创新性，让群众有机会随时随地参与活动，抒发文化情感。

虽然社区（村）文化建设总体上呈现出蓬勃发展的态势，但由于文化资源相对匮乏，使其开展群众文化活动的能力与地位很不相称。主要存在的制约因素有：①部分领导干部对社区（村）文化建设的重要性认识不足，相当一部分社区（村）的群众、驻地单位对社区（村）文化建设的内涵和功能缺乏认识；②社区（村）文化建设机制需要进行改革，如活动经费保障机制、社区（村）单位共建机制、活动管理组织机制、活动评估激励机制等都应适应文化建设的需要；③社区（村）文化设施建设的普遍水平有待提高，设施建设率、设施利用率、设施器材设备的现代化率等都不适应群众需求；④社区（村）文化骨干队伍总体上比较缺乏，社区（村）文化管理员队伍、中青年文艺骨干队伍、文化志愿者队伍、文化艺术辅导教师队伍等都亟待培育和加强。

（2）社区（村）群众文化活动管理的内容。

第一，明确责任主体。县（市、区）和街道（乡镇）政府是开展社区（村）群众文化活动的责任主体。社区（村）群众文化活动属于基层公共文化建设和导向性文化宣传的重要组成部分，因此基层政府在对其管理上处于主导和优势地位。对社区（村）群众文化活动的管理，应形成县（市、区）文化局（委员会）、街道（乡镇）文化科（室）指导、支持，文化馆、综合文化站辅导、帮助，社区（村）委员会、文化室负责组织、实施的活动管理机制。

第二，明确主管人。在社区（村）的居（村）委会内，宜设定一名主管群众文化工作的领导成员。居（村）委会作为政府指导下依法办理群众自己事情的社会基层自治管理组织，应根据有关法规担负起发展辖区公益文化的职责，并本着高度重视和主动维护辖区群众基本文化权益的态度，指派热爱文化事业、有基层文化管理能力的领导成员负责群众文化工作，组织开展好本社区（村）的群众文化活动。

第三，建立协调组织。建立协调组织，即联合地域文化、体育、精神文明建设等相关部门，建立社区（村）群众文化活动协调组织。社区（村）文化活动内容广泛、形式多样，涉及辖区内人们的信仰、价值观、行为规范、历史传统、风俗习惯、生活方式、地方语言和一些特定象征的内容等，并且许多社区（村）中的文化管理人员、文化活动设施都担负着多种活动一体化的工作任务。因此，建立相关的协调组织，多部门一起齐抓共管，有利于节约人力、财力和物力，也有助于扩大文化活动规模、丰富文化活动内涵。

第四，调动社区（村）资源。调动社区（村）资源，即充分挖掘社区（村）内的文化资源，为社区（村）群众文化活动提供服务。这些资源主要包括：社区（村）周边的企事业单位、学校以及社区（村）家庭的活动场所资源，文化艺术产品资源，各类文化艺术人才资源等。调动社区（村）丰富的社会资源参与群众文化活动，是在辖区内形成文化共建、文化共享、文化共荣良好局面的基础。重点加强政府引导下的文化共建激励措施、组织保障措施的建设，不仅有利于形成高水平开展社区（村）文化活动的长效管理机制，也能为辖区单位的文化建设增添新的内容，符合辖区单位科学发展的长远利益。

第五，建立援助机制。各级政府、社会各界应帮助社区（村）建立群众文化活动的援助机制。县（市、区）文化馆、乡镇（街道）综合文化站要加强对社区（村）群众文化活动的指导和帮助。县（市、区）、乡镇（街道）级文化部门要分别整合两级区域文化资源，提升社区（村）群众文化活动水平。组织家住社区或农村在外工作的知名人士、企业家或团体，参与社区（村）的群众文化活动。以个人或组织的知名度带动外界文化资源的引进，推动辖区文化活动的活跃开展，逐步彰显地区文化活动的风采。

第六，发展特色品牌。发展特色品牌，即大力发展"一社区一品""一村一品"的特色群众文化活动。注重传承和保护民俗生态文化，加大对优秀民间文化资源的发掘、整理和保护，积极培育具有当地文化特色的项目。以文化活动为抓手，联结和整合辖区内不同类型的文化资源和同类型的上、下游资源，以举办品牌活动的手段，实现全方位推动社区（村）文化活动的目的。

第七，改善活动设施。改善活动设施，即依托社区（村）综合文化室，加强对社区（村）级文化设施的整合。积极争取上级有关部门的支持，不断增加和改善开展群众文化活动所需的场地、设施和设备。逐步建立和完善有专人管理的社区（村）群众文化组织队伍，统筹属地内的文化活动设施和文化活动设备、提高使用效率。因地制宜地完善活动设施建设、维护、升级制度，保证活动设施稳定、持久地发挥其文化服务功能。

3. 广场（公园）群众文化活动的管理

广场（公园）是覆盖城乡的公共文化空间，它为群众交流思想、联络感情、强身健体、娱乐休闲、展示才能、切磋技艺等提供良好的文化环境，是开展露天性群众文化活动的理想场所。文艺表演类活动、休闲健身类活动、主题展览类活动、民间收藏活动、文学美术创作类活动及文化市集类活动等，都是广场（公园）群众文化活动的主要形态。广场（公园）群众文化活动总体上包括两种类型：一类是城乡居民自发组织的、以广场（公园）公共活动场地为基本阵地所进行的群众文化活动；另一类是由有关部门和单位在广场（公园）开展的、有组织的群众文化活动，如广场文艺演出、比赛，公园的游园、灯会、庙会等。这些活动有效地调动群众的文化热情，从不同层面上满足群众多元化的文化心理需要，实现群众业余文化需求个性化与共性化的统一、随机性与导向性的统一、专业文艺活动与群众业余文艺活动的统一，使广场（公园）群众文化活动呈现出雅俗共赏、兼容并蓄的景象。

广场（公园）自发群众文化活动管理应遵循以下基本原则。

（1）切忌生硬介入、过多干涉。在广场（公园）自发举办的群众文化活动一般有着比较坚实的群众基础，反映当地部分群众的文化审美取向，体现比较一致的文化需求。对于此类活动只要主题格调健康、积极，同时对他人或对环境不造成影响，群众文化管理者就要尊重群众的文化意愿，防止生硬介入、过多干涉所引起的不必要的矛盾和纷争。

（2）调查研究，建立沟通渠道。加强在广场（公园）自发举办群众文化活动的调查研究工作，对活动内容、活动形式、活动时间、活动地点、活动经费、参加人员、组织方式、群众文艺创作等方面进行系统的调研，并及时总结、推广活动的成功经验，加强与活动组织者的沟通，用群众易于接受的方式给予适度的指导，引导活动高水平健康开展。

（3）发现群众文化骨干，将其纳入群众文化骨干管理范围。在广场（公园）自发举办的群众文化活动中涌现出的文化骨干，一般都是具有较高综合素质或突出文艺专长的人员，并且在群体中得到了多数人员的拥护和肯定，具有较高的威信和号召力。对于这类人才，及时将他们纳入群众文化骨干的管理范围，有针对性地加大培训力度，通过培养骨干促活动的方式，提高自发性群众文化活动的水平。

（4）发现和扶持优秀群众文艺团队。对于在自发性群众文化活动中发现的优秀群众文艺团队要加大帮扶力度：一方面要帮助其规范自身的组织结构、加强管理机制、培养团队管理者、在经费和设备上给予支持；另一方面要帮助其健全组织、开阔眼界，加强业务辅导、培育文艺骨干、提供参与相应比赛的机会，并将其纳入业余文艺团队管理范围，使其逐步走向规范化、正规化。

（5）发挥广场（公园）群众文化资源的效力。调动广场（公园）自发群众文化活动中表现优秀的文艺团队的积极性，发挥和利用这些团队的优势和特长，由自娱自乐的活动方式向参与社区（村）文化共建、共享的活动方式转变，以此促进区域文化资源的整合。有关部门和单位在广场（公园）开展的有组织的群众文化活动，应根据地区群众的需求、地方政府年度文化宣传工作的安排，结合广场（公园）的建筑设备情况有序开展，并积极发挥示范、引领作用，引导广场（公园）自发群众文化活动健康地发展。

（四）民族民间群众文化活动的管理

1. 民族民间群众文化活动的内容

以往对民族民间群众文化活动的内容主要界定为：体现各民族不同信仰、习俗、风情、生产生活习惯的文化活动；各民族群众从事改善聚落区域内生存环境的文化活动；展示各民族繁衍、生存顽强精神的文化活动；各门类的民族民间文化艺术活动。在非物质文化遗产保护日益得到国家重视的大环境下，民族民间群众文化活动可更多地围绕民族民间文化遗产的保护工作展开。按照对"民族民间文化遗产保护收集范围"的界定，民族民间群众文化活动可围绕以下方面进行。

（1）民族民间口头文学传习活动。即各民族群众以口头创作、口耳相传的方式集体修改、加工、流传的，反映各族群众社会生活历史、信仰与情感、审美与艺术情趣的民间文学作品（民间传说、民间故事，民间神话、民间歌谣、长篇叙事诗、史诗以及小戏、说唱文学、谚语、谜语等）群众文化活动。

（2）民族民间传统技艺创作和展示活动。即各民族群众为满足生产生活的需要，利用各种物质材料和技术手段开展的、带有地域文化艺术特征的手工艺类（建筑装饰、剪纸工艺、织染工艺、雕刻工艺、烧造工艺、编扎工艺等）群众文化活动。

（3）民族民间节庆文化活动。各民族群众以传统节庆为载体，并和与节庆相关的农业耕作、民间祭祀、重要人物纪念等风俗相结合，深入挖掘节庆文化内涵，组织开展的寓教于乐的群众文化活动。

（4）民俗文化活动。各民族群众开展的蕴含每个地区独特的生产、生活、风俗文化成果与文化传统（如民间服饰等生产民俗、人生礼仪等社会民俗、民间信仰等精神民俗）的群众文化活动，包括城市举办的庙会活动、少数民族地区举办的与民族特色传统相关的歌舞活动等。

（5）民族民间艺术活动。历史悠久、广泛流传于各民族各地区民众中间的，内容丰富、形式多样的群众文化活动，包括民族民间音乐活动、美术活动、舞蹈活动、戏曲活动、曲艺活动、木偶、皮影、杂技活动等。

这些不同民族、不同地域群众文化活动是中国先进文化的根基，是展示地区文明的重要标志，凝聚着不同地区人民群众精神创造和劳动智慧的结晶。

2. 民族民间群众文化活动管理的原则

对民族民间群众文化活动的管理需要把握的基本原则如下。

（1）尊重各民族的不同信仰和风俗习惯。在活动的策划、组织过程中，充分考虑活动的内容和形式是否与活动举办地各民族的信仰和风俗习惯保持一致。在少数民族地区举办活动时，提前做好调研和咨询论证工作，避免有违民族政策和民族传统的事件发生。在活动举办过程中，如与民族传统、风俗习惯产生矛盾时，应及时依靠当地政府部门向民族群众做好沟通和道歉工作，并对活动内容进行整改或停止举办。

（2）加强民族团结和国家统一的思想引导。一方面要依法举办活动，在活动中广泛宣传党和国家的民族团结政策、国家统一政策；另一方面要根据举办活动的目的、参与活动的群体情况，巧妙构思、有计划地安排能够增进民族感情、促进民族团结、有利于宣传维护国家统一的活动内容。

（3）立足提高各民族群众的整体文化素质。组织民族民间群众文化活动既要继承和弘扬优秀的民族文化，保持健康有益的风俗习惯，适应当地群众普遍的文化需求，而且要不断与时俱进，将群众能接受的有时代感、有科技含量及其他民族的优秀文化活动内容，充实到原有的活动中，立足于逐步提高群众文化活动的档次，逐步提高民族群众的科学文化水平。

（4）注意对民族民间文化遗产的发掘与保护。把民族民间群众文化活动作为促进地区文化遗产传承和展示的有效载体，在加强文化遗产保护宣传的同时，以丰富活动内容、创新活动形式为契机，深入发掘文化遗产的社会价值、经济价值，使其保持历久弥新的文化生命力。

二、群众文化活动管理的创新策略

（一）及时转变管理模式

各种完善的文化管理制度是群众文化活动顺利开展的基础，充分向群众呈现与传播各个方面的知识。

第一，对管理工作方法进行优化与创新，在群众文化活动管理工作开展的过程中始终遵循以人为本的原则，充分认识到群众是群众文化活动开展的核心，将广大人民群众当作活动的参与者。

第二，群众文化活动管理人员要加强对群众文化活动的研究与分析，对其中存在的不足及优点进行总结，取其精华、去其糟粕，有效推动群众文化活动管理的创新与发展。

第三，建立完善的管理制度，对群众文化活动管理工作的内容、形式以及流程等进行全面的规范，保证管理工作有序开展。同时还要加强对管理人员的培训教育，让群众文化活动管理人员的管理水平显著提高，为管理工作的开展提供有力的支持。

第四，推动群众文化活动向集中化的方向发展。对广大人民群众的喜好以及需求等进行全面的分析，从而将参与人数较少的群众文化活动取消，举办大多数群众都感兴趣的群众文化活动，这样才能够有效传播先进的思想以及优秀的文化，将群众文化活动的价值充分发挥出来。

（二）采取多种活动形式及内容

随着大数据时代的到来，人们接收信息的途径在不断增加，会在互联网上接触到很多新的内容，思维也在逐渐发生转变，过去传统文化活动的形式与内容已经不能满足群众的需求，需要在这个基础上进行创新，让群众文化活动的形式与内容得以丰富，将一些流行元素与社会热点内容等融入其中，有效提高群众参与活动的积极性。可以创建文化中心，将展览、阅读、教育、观演、娱乐等多项功能集中在一起，为市民朋友丰富文娱生活、陶冶意趣情操、汲取文化力量提供更加全面化、多元化、现代化的场所。

各场馆在不同的时间段开展不同的群众文化活动，通过各种群众文化活动的开展，能够有效提高群众的文化素养，加强群众对当地文化风俗的了解，促进青少年的全面发展，为我国文化事业的发展提供有力支持。

（三）加强对群众文化准备与反馈工作的重视

第一，合理分配群众文化活动的资金。资金在群众文化活动的开展中是重要的资源，可以通过政府拨款、群众捐款以及企业资助等方式筹集资金，对各个方面资金的使用进行明确的划分与记录，保证资金的合理使用。

第二，确保群众文化活动的安全性。需要结合活动场地的实际情况制定科学合理的应急方案以及安全管理方案，同时准备好相关的急救设备，保证群众文化工作安全、有序地开展。

第三，加强宣传与推广。通过网络、广播、告示等不同的形式让更多的群众了解到群众文化活动开展的时间、地点以及主题等，让更多的群众参与其中。

群众文化活动开展的主要目的就是让群众学习到相关的知识文化，提高他们的文化知识修养，满足他们的精神文化需求，所以群众的意见及建议在群众文化工作的开展中是非常重要的，能够将群众文化工作中的不足以及优点等充分反映出来。在开展群众文化活动之后可以让群众进行评价与反馈，从而根据群众的意见对群众文化工作进行优化与调整，在策划下一次活动时将之考虑在内，进而有效提高群众文化服务水平。

（四）完善基础设施建设

推动群众文化活动管理的创新就要妥善解决这一问题，为群众文化活动的开展提供完善的设施与场地，满足群众的精神文化需求。

第一，当地政府加大投资力度，为基础设施建设的完善提供有力的支持，而且还要结合群众文化活动管理的实际情况制定完善的预算方案，明确每一项资金的使用情况，保证资金的合理使用。

第二，政府在基础设施建设的投入中，需要从整体的角度出发，对当地资源进行科学利用，推进资金的最大化利用。

第三，群众文化活动的地点是一项非常重要的内容，合适的场地能够让更多的群众参与其中，在选择场地时要考虑到以下几个方面：一是所选择的群众文化活动场地要方便绝大多数人参与。二是考虑到活动所需的人员以及资金。三是将当地的地理环境、文化特色以及风俗习惯等考虑在内，结合当地的优势，科学合理地选择活动的场地，从而吸引更多的群众参与到活动中来。

（五）建设群众文化网络体系

群众文化的建设离不开广大人民群众的支持，让群众参与到群众文化活动中来，结合群众的需求及喜好等，建设健全的文化体系。将各个层次的文化中心建设工作做好，在基础设施等方面加大投入的力度，在策划群众文化活动时要将我国传统的优秀文化融入其中，又要结合时代发展的特点，将群众文化活动的作用充分发挥出来，让人们既能感受传统的优秀文化，也能体会到现代科学与技术的魅力。

群众文化传播的主要场所就是街道与社区，拉近群众间的距离，能够有效促进社会精神文明的建设。同时还要将信息化技术充分应用在其中，将群众文化的影响范围进一步扩大，结合当地的文化特色、地域环境以及群众需求等，建设全面的群众文化网络平台，让广大人民群众可以通过平台的使用提出相关的意见及建议，同时还能够学习相关的文化知识，让更多的人参与到群众文化建设中来。除了街道、村社区对群众文化进行管理和服务外，还可以借用学校及社会力量，培育文化艺术团队，为群众文化活动的开展与创新提供有力的支持。

第三章 群众文化辅导工作的开展

第一节 群众文化辅导概述

群众文化辅导是一种社会教育活动，它是学校教育的有效延伸，旨在满足广大群众在文化精神层面的需求，提高群众的综合素养，并对我国群众文化事业的稳步发展起到重要作用。群众文化辅导的内容通常包括思想政治辅导和文化修养辅导两个方面。群众文化辅导的目的在于提高全民的综合素质，促进社会和谐发展，同时有助于弘扬我国传统文化。通过群众文化辅导，可以增强群众的民族文化认同感和自豪感，促进社会主义核心价值观的传播和实践。"群众文化辅导是当前开展群众文化活动、提高群众的生活幸福度的一项重要内容。"①

一、群众文化辅导的特点

（一）速成性

1. 群众文化辅导速成性的含义

在当今社会，随着文化多元化的快速发展和人民生活水平的不断提高，群众对于文化的需求和追求也日益提高。这种背景下，群众文化辅导作为一种重要的文化普及形式，其速成性特点显得尤为突出。群众文化辅导的速成性不仅体现在其高效、快速的学习过程中，更体现在其能够迅速满足群众文化需求、提升群众文化素养、推动社会文化进步等多方面的积极作用。

---

① 张丰. 群众文化辅导中手机摄影教学的一些思考 [J]. 文化月刊，2023（9）：108.

群众文化辅导的速成性，首先体现在其学习过程的高效和快速。与传统的文化教育方式相比，群众文化辅导更加注重实用性和针对性，能够根据群众的实际需求和兴趣点，提供精准、有效的文化知识和技能传授。这种高效、快速的学习方式，使得群众能够在短时间内掌握一定的文化知识和技能，从而迅速提升自己的文化素养。

同时，群众文化辅导的速成性还体现在其能够迅速满足群众的文化需求。在信息化、网络化的今天，群众的文化需求呈现出多元化、个性化的特点。群众文化辅导通过灵活多样的方式，如讲座、展览、演出、培训等，能够满足不同群众对于文化的不同需求，让群众在轻松愉快的氛围中感受到文化的魅力。

2. 群众文化辅导速成性的积极作用

（1）提升群众文化素养。群众文化辅导的速成性能够迅速提升群众的文化素养。通过参与文化辅导活动，群众可以学习到丰富的文化知识和技能，拓宽自己的文化视野和知识面。这种文化素养的提升不仅有助于个人的全面发展，还有助于社会的文明进步与和谐发展。

（2）推动社会文化进步。群众文化辅导的速成性还能够推动社会文化进步。通过普及和传播优秀的传统文化和现代文明成果，群众文化辅导能够促进不同文化之间的交流与融合，推动社会文化的创新和发展。这种文化进步不仅有助于增强国家的文化软实力和国际竞争力，还有助于提高人民群众的幸福感和获得感。

（3）促进社会和谐发展。群众文化辅导的速成性还有助于促进社会和谐发展。在参与文化辅导活动的过程中，群众可以增进彼此之间的了解和友谊，形成共同的文化认同和价值观念。这种文化认同和价值观念的形成有助于增强社会的凝聚力和向心力，促进社会的和谐稳定和繁荣发展。

3. 群众文化辅导速成性的实践体现

（1）精准定位，明确目标。群众文化辅导的速成性实现的关键在于精准定位、明确目标。在辅导过程中，要深入了解群众的文化需求和兴趣点，根据群众的实际情况制定切实可行的辅导计划和目标。只有明确了目标和方向，才能确保辅导过程的高效。

（2）创新方式，注重实践。群众文化辅导要注重创新方式、注重实践。在辅导过程中，可以采用多种形式的教学方法，如案例分析、情景模拟、互动讨论等，让群众在参与中学习和体验。同时，还要注重实践环节的设计和实施，让群众在实践中掌握和运用所学的文化知识及技能。

（3）整合资源，优化服务。实现群众文化辅导的速成性还需要整合各种资源、优化服务。可以充分利用图书馆、博物馆、文化馆等公共文化设施的资源优势，为群众提供丰富多样的文化辅导服务。同时，还可以加强与社会各界的合作与交流，引入更多优质的文化资源和师资力量，提升群众文化辅导的质量和水平。

（二）渐进性

群众文化辅导的渐进性体现在辅导内容的逐步深化、辅导方式的多样化以及对群众文化需求的持续响应上。群众文化辅导渐进性是指在群众文化活动开展过程中，辅导者与参与者之间、参与者与参与者之间相互交流、沟通、合作的一种特性。这种互动性既包括信息、情感、价值观等方面的交流，也包括行为、技艺、创意等方面的合作。群众文化辅导互动性的实质是人与人之间的相互理解、尊重和支持，是推动群众文化活动持续健康发展的重要动力。

1. 群众文化辅导渐进性的重要作用

（1）促进社会主义核心价值观的逐步内化。群众文化辅导的渐进性有助于促进社会主义核心价值观的逐步内化。通过群众文化活动的开展，参与者可以逐步接受和认同社会主义核心价值观，从而形成正确的人生观、价值观和世界观。辅导者可以通过有针对性的辅导，引导参与者深入了解社会主义核心价值观的内涵，培养高尚的道德品质和良好的行为习惯。

（2）提高群众文化素质。群众文化辅导的渐进性有助于提高群众的文化素质和审美能力。在群众文化活动的开展过程中，参与者可以通过学习和交流，不断提升自己的文化素养。辅导者可以通过组织丰富多彩的文化活动，让参与者深入了解各种文化形式，培养高雅情趣，提高审美水平。

（3）推动文化创新。群众文化辅导的渐进性有助于推动文化创新。在群众文化活动的开展过程中，参与者可以相互启发、激发灵感，促进文化创新。辅导者可以通过搭建平台、提供资源等方式，鼓励参与者发挥自身优势，积极参与文化创作，为文化事业发展注入新的活力。

（4）传承优秀传统文化群众文化辅导的渐进性有助于传承和弘扬优秀传统文化。在群众文化活动的开展过程中，参与者可以深入了解传统文化，感受其魅力，培养对传统文化的热爱和传承意识。辅导者可以通过组织丰富多彩的文化活动，让优秀传统文化融入现代生活，使之得以传承和发扬。

2. 群众文化辅导渐进性的实践体现

（1）加强队伍建设。提升群众文化辅导的渐进性，首先要加强队伍建设。辅导者应具备较高的文化素养、专业能力和沟通技巧，能够针对不同群体提供有针对性的辅导。其次要加强辅导者的培训和学习，不断提高其业务水平和服务质量。

（2）创新辅导形式。为提高群众文化辅导的渐进性，应不断创新辅导形式。可以通过组织讲座、研讨会、实践活动等多种形式，让参与者在轻松愉快的氛围中学习、交流。同时，可以利用网络、新媒体等手段，拓宽辅导渠道，提高辅导效果。

（3）搭建互动平台。为促进群众文化辅导的渐进性，应搭建多种形式的互动平台。可以组织各类文化赛事、展览、演出等活动，让参与者有机会展示自己的才艺和成果。同时，可以设立线上线下交流区，方便参与者之间相互交流、分享经验。

（4）注重个性化辅导。为提高群众文化辅导的渐进性，应注重个性化辅导。辅导者要关注每一个参与者的需求和特点，提供有针对性的辅导。同时，要尊重参与者的意愿和选择，鼓励他们发挥自身优势，积极参与文化创作。

（5）营造良好氛围。为提高群众文化辅导的渐进性，应营造良好的社会氛围。政府、社会各界要关心和支持群众文化事业发展，为辅导工作提供必要的条件和保障。同时，要倡导全社会尊重文化、热爱文化、传承文化，形成有利于群众文化辅导的渐进性的良好氛围。

（三）综合性

群众文化辅导综合性表现在内容、形式、方法和目标等多个方面。

第一，群众文化辅导内容的综合性。群众文化辅导内容的综合性体现在其涵盖了文学、艺术、音乐、舞蹈、戏剧、电影、体育等多个领域。这些内容不仅满足了不同年龄、性别、职业和文化背景人群的需求，而且融合了传统文化与现代文化、本土文化与外来文化，形成了多元化的文化辅导体系。通过这种内容丰富的综合性辅导，可以激发群众的文化兴趣，提高他们的文化鉴赏能力和创造力。

第二，群众文化辅导形式的综合性。群众文化辅导的形式同样呈现出综合性，既包括面对面的传统教学，也包括利用现代信息技术进行的远程教育。此外，还有讲座、研讨会、工作坊、展览、比赛等多种形式。这些形式多样的文化辅导活动，使得群众能够在不同的场合和环境中接受文化熏陶，从而增强文化辅导的普及性和便捷性。

第三，群众文化辅导方法的综合性。在方法上，群众文化辅导讲授、示范、互动体验、实践操作等多种教学方法综合运用。这种综合性的教学方法能够满足不同学习风格和需求的群众，使他们能够在多种教学情境中获得知识和技能。同时，这种多样化的方法也有助于提高教学的趣味性和参与度，增强群众的学习动力。

第四，群众文化辅导目标的综合性。群众文化辅导的目标不仅仅是传授知识和技能，更重要的是通过文化活动提升群众的精神境界，增强社区凝聚力，促进社会和谐。因此，其目标具有综合性，既包括个人层面的素质提升，也包括社会层面的文化传承与发展。通过综合性的文化辅导，可以培养群众的文化自觉和文化自信，为社会的可持续发展提供强大的文化支撑。

第五，群众文化辅导的实践。政府、社会和教育机构共同努力，优化资源配置，加强人才培养，提高服务质量，确保文化辅导的综合性得到有效发挥。同时，也需要不断创新文化辅导的内容和形式，适应时代发展的新要求。

（四）互动性

群众文化辅导的互动性对于构建和谐社会具有深远的影响，群众文化辅导互动性是指在群众文化活动开展过程中，辅导者与参与者之间、参与者与参与者之间相互交流、沟通、合作的一种特性。这种互动性既包括信息、情感、价值观等方面的交流，也包括行为、技艺、创意等方面的合作。群众文化辅导互动性的实质是人与人之间的相互理解、尊重和支持，是推动群众文化活动持续健康发展的重要动力。

（1）促进社会和谐。群众文化辅导互动性有助于增进人们之间的相互了解和友谊，消除社会隔阂和矛盾，促进社会和谐。在互动过程中，参与者可以更好地认识自己、理解他人，培养合作精神，提高社会凝聚力。同时，辅导者可以通过互动了解群众需求，提供更加贴近实际、富有针对性的文化服务，进一步满足人民群众的精神文化生活需求。

（2）提高群众文化素质。群众文化辅导互动性有助于提高群众的文化素质和审美能力。在互动过程中，参与者可以相互学习、交流技艺，不断提升自己的文化素养。辅导者可以通过有针对性的辅导，引导参与者深入了解文化内涵，培养高雅情趣，使他们在享受文化的同时，提高自己的审美水平。

（3）推动文化创新。群众文化辅导互动性有助于激发人们的创造力和创新精神。在互动过程中，参与者可以相互启发、激发灵感，促进文化创新。辅导者可以通过搭建平台、提供资源等方式，鼓励参与者发挥自身优势，积极参与文化创作，为文化事业发展注入新的活力。

（4）传承优秀传统文化。群众文化辅导互动性有助于传承和弘扬优秀传统文化。在互动过程中，参与者可以深入了解传统文化，感受其魅力，培养对传统文化的热爱和传承意识。辅导者可以通过组织丰富多彩的文化活动，让优秀传统文化融入现代生活，使之得以传承和发扬。

二、群众文化辅导的构成要素

（一）辅导者

辅导者是指群众文化事业机构中有一定专业特长，并且具有开展辅导活动能力的专职人员。辅导者是辅导过程中的主导者，需要具有较高的综合素质和业务能力。

1. 辅导者的综合素质

群众文化辅导者的综合素质涵盖了从思想政治素质、专业知识与文化素质、职业道德，到沟通与表达、心理调适、创新与适应能力，以及终身学习的态度等多个层面。这些素质的综合体现，不仅决定辅导者在职业岗位上的表现，也直接影响群众文化活动的质量和效果。因此，辅导者需要不断地自我完善与提升，以满足群众对文化生活日益增长的需求。

（1）思想政治素质：稳固的基石。群众文化辅导者作为传播先进思想、引导健康舆论的重要角色，必须具备明确的政治方向、坚定的政治信仰，以及正确的政治观念。这不仅要求他们深入理解我国社会主义核心价值观，还要能够引导群众形成积极健康的思想意识，激发他们的爱国热情和民族自豪感。

高度的责任感和使命感是辅导者的基本素质，他们应当明确自己的行为对社会、对集体、对群众的影响，始终坚守职业道德，对社会负责，对群众负责，对自己负责。他们还应成为道德楷模，以模范的道德行为影响和感染群众，推动社会主义精神文明建设。

（2）专业知识与文化素质：持续的动力。群众文化辅导者应具备扎实的专业知识，这是有效传授文化知识的基础。他们需要精通本领域的知识技能，不断更新知识体系，以确保辅导内容的准确性和前瞻性。

广泛的学科涉猎能使辅导者具备跨学科的辅导能力，更好地满足群众多样化的文化需求。他们应当了解与本专业相关的其他学科知识，不断提升自己的综合素质。

丰富的人文修养是群众文化辅导者的必备素质。他们需要具备一定的人文素养和艺术鉴赏力，以传承和弘扬我国优秀传统文化，提升群众的文化品位。

（3）职业道德：精神的支柱。敬业乐业是群众文化辅导者的职业精神，他们应全心投身于文化辅导工作，把提高自身专业水平作为终身追求。主动奉献是他们应有的职业态度，他们要无私地为群众服务，助力群众克服困难，促进文化发展。协作共赢是团队精神的体现，辅导者应在团队中发挥协作精神，与同事共同推进群众文化工作的进步。

（4）沟通与表达：桥梁的作用。良好的沟通技巧，是辅导者与群众建立良好关系的关键。他们需要掌握有效的沟通方法，了解群众的需求和期望，以便提供更好的服务。准确无误的表达能力，是辅导者传递信息的重要手段。他们应具备清晰表达思想的能力，确保信息的正确传达和群众的理解。

（5）心理调适能力：稳定的保障。稳定的情绪管理，是辅导者必备的素质。他们在各种情境下应保持情绪稳定，为群众提供一个安心的学习环境。强大的心理承受力，是辅导者面对挑战时的支撑。他们要在困难面前展现出韧性，保持积极向上的心态。

（6）创新与适应能力：发展的引擎。创新思维模式，是提高辅导工作质量和效率的关键。辅导者应不断寻求新的方法和途径，推动工作的持续创新。灵活应对变化，是辅导者适应时代发展的需要。他们要根据不同情况调整策略，满足各类群众文化需求。

（7）终身学习的态度：自我提升的途径。持续的知识更新，是辅导者保持专业竞争力的必要手段。他们应跟踪时代发展，不断补充最新知识，提升自身素质。反思与自我提升，是辅导者实现自我发展的途径。他们要通过对自己工作实践的反思，寻找进步的空间，提升综合素质。

2. 辅导者的业务能力

辅导者的能力结构由一般能力与特殊能力两部分组成。一般能力即智力，这是完成任何活动都必须具备的基本能力，包括观察力、注意力、记忆力、思维力和想象力等；特殊能力是指在某种专业活动中表现出来，并保证这种专业活动达到一定水平或取得较好成效的能力。辅导者应具备如下能力。

（1）编写教材能力。即做到所编教材能够符合通俗、实用、准确、明晰的要求。编写教材要求辅导者能够根据辅导工作的实际需要，有针对性地编写符合辅导对象要求的专用教材。具备教材编写能力要求辅导者有较强的文字表达能力、有对所辅导内容的综合概括能力、有较深厚的专业理论功底和较强的逻辑思维能力。

（2）主持培训能力。即能够针对不同辅导对象采用不同的培训方法，能独立授课。主持培训、独立授课都是辅导者应当具备的基本能力。在群众文化辅导中，无论举办培训班、讲座或研修班，都需要辅导者有效地掌控培训过程，并进行面对面的授课辅导，并能够根据培训对象的不同特点，灵活机动地采用不同的培训方法。

（3）示范演示能力。即要求辅导者具有表达能力和表现能力，能够化繁为简，启发想象。在技能的辅导中，尤其需要强化辅导者口传身授的作用，需要辅导者用示范演示去感染辅导对象。进行示范演示，应讲求动作规范准确、速度适中、表现力强、启发想象，并做到示范与讲解相结合、综合示范与分解示范相结合。

（4）运用理论能力。即要求辅导者能够掌握群众文化理论和相关专业知识，并能将其熟练地运用到辅导实践中。作为辅导者，不仅需要具有相关专业的基本知识和示范演示能力，也应具有一定的群众文化理论水平。除了遵循群众文化的基本理论去指导辅导活动的全过程，辅导者还应在辅导活动中适时地向辅导对象传授群众文化理论。

（5）辅导组织能力。具体体现在辅导者具有个人魅力、善于启发引导、进行情感沟通、掌握进度节奏等方面。辅导是一门艺术，在很大程度上显示了辅导者的辅导组织能力和水平。因此，一个好的辅导者应能凭借个人的影响力、号召力、表现力、应变力等产生出足以吸引他人的强大磁场。辅导组织能力的提高，需要辅导者长期历练，也与辅导者的学识、气质、性格等因素有着不可忽视的关系。

群众文化的辅导者，虽然大都不是接受过专业艺术教育的专门人才，但在许多方面都表现出优秀的品质修养、丰厚的生活素养，有着敏锐的观察力、感受力、想象力和强烈的创作欲望，有着专业艺术家的天赋和艺术潜能，对艺术有着执着的追求，具有坚强的意志和非凡的能力，能够以自己的学识和水平、表现力和创造力完成群众文化辅导的任务。

（二）辅导对象

辅导对象是指由不同阶层、不同年龄、不同爱好、不同文化层次的群众所组成，利用闲暇时间参加群众文化事业机构组织的各种辅导活动的群体或个人。辅导对象是辅导活动的客体，是辅导者进行辅导实践的对象，并接受辅导者的指导；辅导对象也是辅导过程的主体，是认识和学习活动的主人，是辅导实践活动的主要参加者。

辅导对象主要由社会各个层面具有不同文化需求的个体和群体所构成，主要包括个体对象和群体对象两方面。个体对象主要指有着各种不同辅导目标和要求的个人；群体对象主要指有着共同爱好和共同需求的群体或团体。辅导对象具有广泛的社会性和一定的复杂性。在辅导实践中，辅导对象大多是指有着各种志趣爱好的群众文化爱好者，但有时也包括初次从事群众文化工作的人员以及群众文化系统的基层工作人员和专兼职人员。

1. 辅导对象的主要特点

（1）兴趣的优先性。群众往往受兴趣的驱使而对群众文化活动产生浓厚的兴趣和喜爱的心理，并不惜占用业余时间去参加辅导活动，因此兴趣爱好是群众参加辅导活动第一位的因素。

（2）需求的自我性。群众参加辅导活动都是遵从个人意愿，有较为强烈的自我需求。

（3）内容的自选性。在辅导内容的选择上，群众大都根据个人的特长和意愿决定，有较为明确的学习目的和要求。

（4）水平的差异性。辅导活动参加者大多水平参差不齐，在素养、学识、技能等方面存在差异。

（5）目标的提升性。在参加辅导活动的目标上有一定的追求，有通过参加辅导获得水平提升的愿望。

（6）时间的闲暇性。无论有无职业，都有可以自我支配的空闲时间。

2. 辅导对象之间的差异

辅导对象相互之间存在着个体差异，主要体现在基础条件的差异、接受能力的差异、思想品德的差异、性格气质的差异、家庭状况的差异、生活习惯的差异等。

（1）基础条件的差异。基础条件的差异是指辅导对象在学习某一项技能或知识时，他们原有的知识和技能水平有所不同。这种差异使得辅导者在进行教学时，需要针对不同的学生制定不同的教学计划和教学方法。

（2）接受能力的差异。接受能力的差异是辅导对象之间的一大特点。每个人的大脑发育程度、学习能力以及理解力等都存在一定的差异，因此在辅导过程中，辅导者需要根据学生的接受能力来调整教学进度和教学方式。

（3）思想品德的差异。思想品德的差异是不可忽视的一个方面。不同的辅导对象有着不同的价值观、道德观和世界观，这会在一定程度上影响他们的学习态度和学习效果。

（4）性格气质的差异。性格气质的差异是辅导对象之间的重要差异。有些学生性格外向，善于与人交流，而有些学生则性格内向，较为沉默。辅导者需要根据学生的性格特点，采取适当的教学手段，以提高教学效果。

（5）家庭状况的差异。家庭状况的差异会对辅导对象产生影响。不同的家庭背景、教育环境和文化氛围会对学生的学习兴趣和态度产生不同的影响。

（6）生活习惯的差异。生活习惯的差异是辅导对象之间的一大区别。良好的生活习惯有助于提高学习效果，而不良的生活习惯可能会对学习产生负面影响。

总之，辅导对象之间的个体差异是群众文化辅导的特定现象，这是由人们的年龄、民族、职业、生活环境、教育背景等方面的不同所决定的。在辅导过程中，这些差异并不会因为参加辅导活动而消失。因此，正确认识和分析辅导对象的这些差异，是辅导者必须做的准备工作。只有充分了解和关注学生的个体差异，才能更好地开展辅导工作，提高辅导效果，让每一个学生都能在辅导过程中得到充分发展。

3. 辅导对象的不同需求

不同的辅导对象有不同的辅导需求。辅导需求的信息内容包括知识种类需求、辅导方式需求、时间周期需求、时段选择需求、辅导教师需求等多个方面。

（1）知识种类需求存在差异。这意味着我们需要根据他们的学科背景、学习目标和现有知识水平，为他们提供适当的知识内容。例如，对于初中生，我们可以侧重于巩固基础知识，培养良好的学习习惯；对于高中生，我们则需要帮助他们深化理解，提高解题能力。

（2）辅导方式的需求存在差异。有些人更喜欢面对面的小班授课，认为这样可以获得更多的互动和关注；而有些人则更倾向于在线学习，享受自主学习和随时随地学习的便利。因此，我们在提供辅导服务时，要充分考虑到这部分需求，提供多样化的辅导方式。

（3）时间周期需求存在差异。不同的辅导对象可能有不同的学习计划和进度，有的人希望短期内快速提高，有的人则愿意长期坚持。这就要求我们在制订辅导计划时，要根据每个人的需求合理安排学习周期，确保他们能够在适合自己的时间内达到预期的学习效果。

（4）时段选择需求存在差异。辅导对象可能会因为工作、学习或其他原因，在时间上有特定的安排。因此，我们要提供灵活的辅导时段，让他们能够根据自己的需求和时间安排选择合适的辅导课程。

（5）辅导教师的需求存在差异。不同的辅导对象可能对辅导教师有不同的偏好，如教学风格、专业知识、经验等。为了满足这一需求，我们要注重辅导教师的选拔和培训，确保他们具备高质量的教学水平和良好的师德。

总之，在组织辅导活动时，我们要充分了解和尊重不同辅导对象的需求，为他们提供个性化的辅导服务。只有这样，才能确保辅导活动的顺利进行，帮助辅导对象实现学习目标。从知识种类、辅导方式、时间周期、时段选择到辅导教师，每个环节都需要我们用心去关注和满足辅导对象的需求，从而提高辅导活动的质量和效果。

4. 辅导者与辅导对象的关系

（1）辅导者在辅导活动中处于主导地位。在辅导活动中，辅导者同时是组织者、领导者、评价者，在很大程度上决定着辅导活动的运行、辅导质量的优劣，是当然的主导力量。

（2）辅导者与辅导对象是既是师生关系，又是朋友关系。辅导者与辅导对象之间虽主要表现为师生关系，但本质上仍是人际关系。因此单纯的师生关系不是辅导者与辅导对象之间关系的全部。辅导者与辅导对象成为朋友关系，可以增进双方的感情融合，有助于提高群众文化辅导的效果。

（3）辅导者有施教的责任，也需要与辅导对象相互切磋、教学相长。在辅导活动中，辅导者是施教者，辅导对象是受教者，辅导者需要履行施教的责任。

但辅导者也应悉心听取辅导对象的意见，加强双方之间的互动交流，使教学之间互相促进。

（4）辅导者也是服务者。群众文化辅导活动是群众文化服务的内容之一，因此在辅导活动中，辅导者还具有服务者的身份，即为辅导对象提供包括辅导内容在内的群众文化服务。辅导者不仅要指导帮助辅导对象，也要尊重辅导对象。尊重辅导对象是辅导者的义务。

（三）辅导内容

辅导内容是群众文化辅导的核心，关系到该项辅导活动的性质与规模。群众文化辅导的内容是多方面的，并随着社会文化的发展和活动项目的丰富而不断扩充。群众文化辅导的内容，按现行活动品种的性质加以集合和归类，主要可分为组织管理辅导、文化艺术辅导、宣传鼓动辅导、文化娱乐辅导与理论研究辅导五个方面。其中文化艺术辅导是辅导的重点内容。

1. 组织管理辅导

组织管理辅导是辅导者通过对群众文化各类活动组织的程序、环节及管理方法和手段的传授，从而提高辅导对象组织管理水平的活动。组织管理辅导的重点包括组织设计和管理手段两个方面。

（1）组织设计。组织设计就是对组织活动和组织结构的设计过程，是把任务、责任、权利和利益进行有效组合和协调的活动。组织设计的基本程序主要分为六个步骤：一是明确组织的目标和任务，二是对活动过程的总体设计，三是设计管理岗位，四是规定管理岗位的具体内容，五是配置岗位人员，六是设置管理机构。

（2）管理手段。管理手段是用科学的方法对群众文化活动的过程进行有效的管理，使之产生最佳的效益。除了对系统方法、信息方法及反馈方法的介绍外，还应掌握五种管理手段：一是培养向导，即对活动对象中的"领头"人物进行有目的的培训和指导；二是营造氛围，即保证活动在新颖活泼、富有情趣的氛围下进行；三是制度约束，即通过制定相关的规章制度来实现辅导目标；四是指标控制，即实行量化管理，设定相应的责任指标、计划指标、经济指标、时效指标、成果指标等；五是内外协调，内部协调包括部门之间的协调、成员之间的协调以及结构的调整等，外部协调包括纵向关系的协调和横向关系的协调，即处理好上下级的关系和协作单位之间的关系。

2. 文化艺术辅导

文化艺术辅导是通过有目的、有组织和有系统的辅导，提高辅导对象的艺术欣赏能力和艺术创造能力的活动。文化艺术辅导的重点包括艺术欣赏辅导、艺术创作辅导两个方面。

（1）艺术欣赏辅导。艺术欣赏是一种审美活动，它通过艺术作品所塑造的艺术形象，使人们在欣赏时产生强烈的审美感受，得到欢欣愉悦，获得精神满足和教益。对艺术欣赏的辅导：一是要通过观摩和体验，详尽说明艺术作品的思想内容和表现手法，帮助欣赏者弄懂并理解；二是要注意对艺术作品内涵的分析，提高欣赏者对艺术作品的感受力、理解力和想象力；三是要宣传正确的审美观，激发欣赏者高尚健康的情感。

（2）艺术创作辅导。艺术创作是一种精神活动，它是作者通过对生活素材的积累，运用一定的创作手段，加工成艺术作品的过程。对艺术创作的辅导：一是要注重提高作者的思想修养，帮助作者树立正确的价值观、审美观；二是要组织作者深入生活和观察生活，帮助他们学会从生活中搜集素材，汲取营养；三是要传授艺术创作的方法和技巧，提高他们的创作能力和水平。

3. 宣传鼓动辅导

宣传鼓动辅导是辅导者帮助辅导对象掌握并运用群众文化的传播手段，提高群众文化宣传效果的活动。按宣传鼓动手段划分，主要有文艺宣传辅导、资料宣传辅导、展览宣传辅导、幻灯宣传辅导、演讲宣传辅导、广播宣传辅导、黑板报宣传辅导等。

宣传鼓动辅导的重点包括指导辅导对象制作宣传制品和把握宣传条件两个方面。可以用作宣传鼓动的材料有多种来源，包括有关方面或个人对社会的调查研究、采访记录，政府机构和有关方面发布的文件、图片、统计数字、音像资料，图书情报系统的各种资料库、数据库等。可以用于宣传制品制作的也有多种形式，包括造型艺术中的宣传画，语言艺术中的诗歌、演讲，表演艺术中的相声、说唱、戏剧等。制作宣传制品需要把握政治标准和艺术标准，即注重传播正能量和增强艺术感染力。把握宣传条件对实现宣传目标至关重要。在此过程中，除了具备用于宣传鼓动所需的硬件条件以外，宣传者的信誉度、受传者的认识差异以及宣传媒介的有效利用也是不可忽视的重要因素。

4. 文化娱乐辅导

文化娱乐辅导是辅导者将活动常识以直观的、趣味性强的方式进行传授，使辅导对象身心得到快感和美感的活动。文化娱乐辅导包括娱乐项目辅导、游戏项目辅导、游艺项目辅导、群体项目辅导等。

文化娱乐辅导的重点是组织策划辅导和技能训练辅导。组织策划辅导需要辅导者把握四个要素，即明确的活动目的、确定的活动内容、周密的活动计划和必需的活动经费。技能训练辅导主要包括活动常识的辅导和技巧训练的辅导，要求辅导者讲清活动的规则、方法和要求，进行心理素质训练和娱乐技能训练。在辅导过程中，宜多采用组织竞赛或游戏的方法。

5. 理论研究辅导

理论研究辅导是辅导者引导辅导对象进行群众文化本质、规律和方法的研究，借以提高群众文化队伍整体水平的活动。理论研究辅导主要包括基础理论辅导与应用理论辅导两个方面。基础理论研究的内容包括：群众文化的起源、群众文化事业发展的历史，群众文化活动的基本规律，群众文化工作的方针、政策和原则等。应用理论研究的内容包括群众文化管理学、群众文化辅导学以及群众文化发展趋势研究、实践方法研究等。

群众文化辅导应根据群众文化的发展变化增加不同的选题。在公共文化服务的大背景下，群众文化辅导应将公共文化服务和群众文化的基本知识、公益文化活动的组织与管理、网络数字技术的基本知识、群众文化需求的相关内容纳入辅导内容中。

（四）辅导手段

辅导手段是群众文化辅导的表现形式，关系到该项辅导活动的风格与质量。以往的辅导手段，更多地以辅导者的教学和个体指导为主，辅导者通过对所辅导的知识、技能进行详细的讲解和示范，使辅导对象能够接受和仿效。社会的进步和科技的发展，极大地丰富群众文化的辅导手段，使群众文化辅导方法更多样、更简便、更立体、更灵活、更形象、更有效，也更具感染力。

根据辅导技术的发展演化过程，群众文化的辅导手段大体可分为传统的辅导手段和现代化的辅导手段。传统的辅导手段多采用面对面或书面的辅导方法；现代化的辅导手段则增加利用互联网、大众传媒、幻灯、电视等多样化的交流媒介和技术手段。

1. 传统的辅导手段

传统的辅导手段以面对面的辅导和书面形式的辅导为主。面对面的辅导包括集中辅导和分散辅导两大类。集中辅导是一种有组织、有计划、有秩序的集体辅导形式，是群众文化事业机构开展辅导活动的主要方式。集中辅导多采用课堂教学方式，如组织培训班、讲座、讲习班等。分散辅导的方式主要有分片辅导、分类辅导或个别辅导。在辅导活动中，集中辅导与分散辅导应有机结合，根据不同的需要采用不同的辅导手段。

书面辅导是采用编印和发放辅导材料，以函授的方式进行的辅导，即编印各类文艺作品，如快板、相声、小戏等；印发各类文艺辅导资料，如歌片、舞谱等。书面辅导在辅助群众学习、提供创作样本等方面都发挥了显著的作用。实践证明，这些传统的辅导手段仍然具有很强的实用性、有效性，是群众文化辅导不可偏废的重要手段。

2. 现代化的辅导手段

现代科技手段不断丰富的今天，现代化的辅导手段被逐步引入并运用到群众文化辅导活动中来的。现代化的辅导手段主要包括两个方面：一是运用现代化的电化设备，如电脑、电视机、投影仪、手机、音响设备等。二是运用现代化的技术手段，如网络传输技术、多媒体技术、数字化技术、资料数据化技术以及各种大众传媒手段，包括电视、广播、报刊、电影等。现代化辅导手段的广泛应用，有效地提高了群众文化辅导的效率。

辅导活动往往不是单一辅导手段的应用，而是多种辅导手段有机结合。群众文化辅导需要选择最有利于实现辅导效果的辅导手段，并将其加以综合应用。无论采用面授辅导、远程辅导，或是以数字化技术为依托的网络视频、电子邮件、远程教学等辅导手段，都是由上述因素所决定的。

三、群众文化辅导的目标

群众文化辅导的目标是促进人民群众的文化素质提高，丰富群众文化生活，提高人民群众的获得感和幸福感。这一目标的实现需要我们以人民为中心、以群众需求为导向，不断探索和创新群众文化辅导的方式和内容。

第一，群众文化辅导的目标之一是提高人民群众的文化素质。文化素质是指人们对于文化的认识、理解和欣赏能力，是人们综合素质的重要组成部分。通过群众文化辅导，可以帮助人们了解和掌握一定的文化知识和技能，提高人们的文化素养。

第二，群众文化辅导的目标之二是丰富群众文化生活。文化生活是指人们在物质生活之外，通过文化娱乐、艺术欣赏等活动来丰富自己的精神世界。通过群众文化辅导，我们可以为人民群众提供更多、更好的文化活动和娱乐方式，满足人民群众多样化的文化需求。

第三，群众文化辅导的目标之三是提高人民群众的获得感和幸福感。通过提供优质的文化服务，让人民群众感受到文化带来的快乐和满足，提高人民群众的获得感和幸福感。同时，通过文化辅导，还可以增强人民群众的凝聚力和向心力，促进社会和谐稳定。

▶ 第二节　群众文化辅导原则与工作流程

一、群众文化辅导应遵循的原则

群众文化辅导的原则是辅导实践经验的总结和概括，它作为正确处理辅导过程中各种矛盾关系的规则，贯穿各类辅导的实践活动中。群众文化辅导应遵循的原则包括以下方面。

（一）遵循文化服务的原则

从本质上说，群众文化辅导也是一种文化服务。群众文化辅导的根本目的，就是为了满足人们对学习掌握文化艺术知识与技能的基本需求，是政府为纳税人提供基本文化服务的一个重要方面。从这一原则出发，群众文化事业机构所承担的群众文化辅导任务应当属于人民群众基本文化权益的范畴，群众文化辅导应当为所有的群众提供均等的和无差别的服务。因此，群众文化辅导的覆盖面不应只眷顾主动参加群众文化辅导的人群，也应扩大到因种种原因未能享受到群众文化辅导的那一部分人群。政府举办的文化馆（站）应把基本的群众文化辅导作为为群众免费提供的重要内容。

（二）遵循讲求实效的原则

群众参加群众文化辅导需要获取实实在在的满足，这种满足只有在富有实效的群众文化辅导中才能获得。因此群众文化辅导应当遵循讲求实效的原则，即在辅导时间、辅导内容和辅导方法等方面都体现出较高的效率。这就要求辅导者在进行群众文化辅导时，根据辅导时间的制约，采取"短平快"的方式，突出单位时间所产生的效能；要根据辅导对象的基本条件、接受能力等方面的差异，合理安排辅导内容，注意重点突出、简明扼要，做到"少而精"，突出知识和技能的训练；要选择最符合辅导对象实际状况的辅导方法，根据不同艺术门类的特点，力求辅导方式形象直观、精讲巧练、注重实践，调动听、看、演、练等多种辅导手段，以及口头的、形象的、示范的、演练的、操作的等多种实践方式，切实解决辅导对象所遇到的实际问题。

（三）遵循教学相长的原则

"教学相长"是古代先人留给后人的一条基本的教育规律，群众文化辅导也离不开这一规律。在群众文化辅导过程中，辅导者与辅导对象是教与学的关系，也是互促共进的关系。辅导者既把知识技能传授给辅导对象，同时也会从辅导对象身上得到教益，受到启发。因此，要取得良好的辅导效果，辅导者应当重视与辅导对象多方面交流，以向辅导对象学习的姿态，耐心倾听辅导对象对辅导过程的意见和要求，及时搜集各种反馈信息，发现和掌握辅导对象身上贮存的各种信息，及时调整辅导内容和辅导方法，同时注意学习和借鉴辅导对象的优点，建立和谐互助的辅导关系。

（四）遵循因材施教与区别对待的原则

因材施教和区别对待是群众文化辅导中的一项重要原则，这是由辅导对象各方面的差异所决定的。辅导对象千差万别，不仅性别、年龄、职业、文化程度、爱好需求、天赋特长不同，基础条件、接受能力、需求标准、审美情感也不同。辅导对象存在的这种差异，要求群众文化辅导必须讲求因材施教和区别对待。即要求辅导者选择辅导内容、形式和方法时，都必须从辅导对象的实际出发，既要遵从统一要求，又要照顾个别差异，使辅导过程能够与辅导对象的个性差异相吻合，从而保证每个辅导对象都能得到有效的指导和帮助。准确掌握辅导对象的个性差异和不同特征，则要求辅导者必须在辅导前做好充足的准备，摸清辅导对象参加辅导的动机目的、兴趣需求和个性特点；同时确定符合辅导对象实际情况的、难易适中的辅导内容，并根据辅导对象各自不同的特点，选择适宜的辅导形式和方法。

（五）遵循活动为主的原则

活动是群众文化的典型特征，也是群众文化诸要素中的核心要素。群众文化辅导作为群众文化工作的一种重要形态，需要以活动作为自己的重要支撑。"我国群众文化活动随着社会经济的发展和人民生活水平的提高得到迅猛发展，群众文化辅导作为群众文化活动的重要环节，对促进群众文化发展具有极其重要的作用。"① 因此，活动为主是群众文化辅导的重要原则之一，也是群众文化辅导行之有效的一种重要手段。在群众文化辅导中，应当坚持以活动为主的原则，根据辅导对象的需求和兴趣所在，选取合适媒介，开展实践性、针对性较强的表演、

---

① 李光辉. 对群众文化活动中老年合唱辅导的探讨 [J]. 现代交际，2013（9）：79.

创作、观摩、展览、研讨、交流等活动，使辅导对象在耳濡目染、潜移默化和亲身体验中，接受知识、技能和艺术的熏陶。

二、群众文化辅导的工作流程

群众文化辅导的流程主要包括确定辅导者的角色地位、明确辅导内容、选择辅导工具、把握辅导对象、编写教案教材、实施辅导程序、进行效应反馈等。

（一）确定辅导者的角色地位

群众文化辅导首先应根据辅导的目的和要求，确定辅导活动的辅导者。一般辅导活动的辅导者可由一人承担，也可由多人承担。在辅导活动中，辅导者除了要承担相关知识的传授外，还应当根据需要承担组织、管理、协调等多方面的责任。辅导者的角色，既应该是施教者、管理者、指导者、评价者，也应该是辅导对象的朋友和服务者。

不同类型的辅导活动对辅导者的角色要求也各不相同。授课类辅导活动要求辅导者主要承担讲师的角色，而表演类辅导活动则更多地要求辅导者承担导演或艺术指导的角色。因此辅导者在辅导活动中要明确自己所处的地位和可发挥的潜能，增强责任意识，最大限度地承担起辅导者角色赋予的任务。

（二）明确辅导内容

辅导者应依据辅导活动预定的目标和任务，按照辅导对象的文化需求设定相应的辅导内容。设定辅导内容还需要辅导者准确掌握和充分考虑辅导对象的人员构成、层次水平及接受能力的实际状况，选择便于辅导对象接受的内容，同时根据不同的辅导对象，在辅导中提供不同的信息量。辅导内容设定得合适与否，很大程度上取决于辅导者的知识功底和辅导技能。

（三）选择辅导用具

辅导对象应根据辅导对象的实际状况和实际能力，选择与内容相适应的辅导工具。适宜得当的辅导工具可以有效地拓宽辅导手段，起到强化记忆、启发想象、活跃气氛、增强效果的作用。在辅导工具的选择上，既可以利用各类电化设备、投影设备等，也可以选择录像、录音、幻灯、电影、广播等大众传播工具。

（四）把握辅导对象

辅导者应对辅导对象进行认真的分析，参照他们的具体特征和接受能力选择相应的辅导形式与辅导方法。对辅导者而言，准确地掌握辅导对象的各种信息是有效地选择辅导形式和方法的前提。在此基础上，辅导者还应在辅导的过程中注意把握辅导对象，充分调动和发挥辅导对象的能动性。可以说，这种能动性直接影响辅导对象的积极性、主动性和接受效率，决定辅导效果的优劣。

（五）编写教案教材

辅导者在辅导活动开始前，应提前编写辅导教案（方案），将辅导目的、辅导内容、课时安排、完成目标、辅导重点及难点、辅导用具的应用、习练项目以及辅导实施的步骤、程序等内容逐一加以设计，做到胸中有数。同时还要根据辅导对象的知识水平和接受能力，将所要完成的辅导内容进行细致的梳理和归纳，编写出可提供给辅导对象使用的辅导提纲、讲义或者教材，从而助力辅导对象对辅导内容的理解和掌握。

（六）实施辅导程序

实施辅导程序是指辅导者将辅导活动付诸实施的过程。实施辅导程序是辅导的重点，之前的所有准备都是为了这一过程服务。在实施辅导程序时，准确把握授课讲解、演示示范、安排习练等环节，注意采用辅导对象易于接受的辅导方式和方法，加强与辅导对象的交流互动，讲求辅导艺术，充分展示辅导者的表现力、感染力和人格魅力。同时注意针对不同辅导对象的不同能力和水平，进行有针对性的个性化辅导，重在提高辅导对象的领悟力、理解力、模仿力等基本能力。

（七）进行效应反馈

辅导者还应采取多种方法对辅导效应进行全面反馈，并从短期效应和长期效应两个方面进行研究。短期效应在辅导活动进行中或一个辅导周期结束后即可得到反馈，长期效应的获得不仅需要一个连续不断、潜移默化的辅导过程，而且需要辅导者做出持之以恒、锲而不舍的努力。得到效应反馈后，辅导者应及时针对效应反馈中的不合理、不适宜、无效果的内容和方法进行调整及改进。进行效应反馈可采用考试考核的方法、检查评审的方法、数据统计的方法、座谈交流的方法、调研论证的方法等。

▶ 第三节　群众文化活动辅导的形式和方法

一、群众文化活动的辅导形式

群众文化活动的辅导按照辅导过程的不同形态，大体可分为七种形式。

（一）单向传输式辅导

单向传输式辅导多以课堂授课的方式出现，即由辅导者以教学的方式传授相关理论和艺术知识等。一般包括个人辅导、群体辅导、讲座等多种方式。

1. 个人辅导

个人辅导即采取单人一对一的形式对辅导对象个人进行的辅导。辅导者有时需要根据辅导对象的个人需求进行单独授课，所需的辅导方式、辅导方法也应符合辅导对象的个性需求。个人辅导形式可分为短期辅导和长期辅导：短期辅导是由辅导者针对辅导对象在接受辅导过程中所遇到的重点、难点问题所进行的一次性或短时性的辅导；长期辅导则是辅导者根据辅导对象的实际水平，按照专业教程的目标、内容进行的系统性或阶段性的辅导。

2. 群体辅导

群体辅导即针对辅导对象群体进行的辅导。进行群体辅导往往需要根据辅导对象的水平差异、辅导知识的共性特征等因素，并从整体的接受能力和接受效果出发合理安排群体构成，宜采用以点带面、先易后难的方式以适应不同的群体要求。一般集体性项目均采用此种辅导方式，如群舞、合唱等。

群体辅导也可分为短期辅导和长期辅导：短期辅导应针对群体某一方面的知识或相关问题进行；长期辅导应根据辅导群体的不同水平或不同知识目标进行整合，按照教程系统地完成辅导目标。

3. 讲座

讲座即辅导者采用授课的方式向辅导对象传授知识、技能的一种辅导方式。讲座按内容划分可分为专题讲座和系列讲座：专题讲座宜针对某一方面知识和技能进行，系列讲座则可系统传授相关知识和技能，并实现预期的辅导目标。相比较而言，讲座方式更多地采用辅导者讲、辅导对象听的方法，过于机械和呆板。为提高辅导效果，易于辅导对象理解和接受，讲座应当做到与辅导对象的实际情况紧密联系，在授课中有互动、有问答，形式生动活泼，并充分运用影像、多媒体等现代科技手段进行辅助。

（二）引领传输式辅导

引领传输式辅导是由辅导者示范引领，辅导对象模仿练习，通过口传身授的方式进行的辅导。口传身授是群众文化辅导的一个重要特点。它包括教师的口头讲解和以身示范两个方面，就是辅导者在讲解的基础上，采用引领示范的方法，指导辅导对象进行模仿练习，从而达到辅导的目的。示范可分为两个过程：一是整体示范，使辅导对象对辅导内容有个全面的印象；二是分步示范，即辅导者边示范，辅导对象边模仿。

在群众文化辅导中，引领传输式辅导较为有效和实用，如群众戏剧、群众舞蹈、群众音乐的辅导大多采用这一形式。

（三）指导传输式辅导

指导传输式辅导是在辅导者的带领下，由辅导对象进行教学练习。此种形式是通过辅导者的指导和帮助，由辅导对象中的优秀者重复进行疑难问题或部分内容的二次讲解和示范，既可以使承担讲解示范任务的辅导对象进一步巩固所学的知识和技能，也能使其他辅导对象通过这种二次辅导得到复习理解所学内容的机会。指导传输式辅导的优点在于能够最大限度地调动辅导对象的积极性，有利于提高辅导效果。在群众文化辅导中，书法、绘画、摄影等辅导都可以采用这种辅导方式。

（四）互助传输式辅导

互助传输式辅导是由辅导对象之间相互传授经验和体会，取长补短，共同进步。此种形式是群众文化辅导中不可缺少的一种形式，对提高辅导效果发挥着重要作用，如教学讨论会、学员技艺竞赛等。教学讨论会可以针对辅导中遇到的重点、难点和亟须解决的问题进行专题研讨，通过辅导对象之间的交流和讨论，相互帮助、取长补短，从而获得对讨论议题的理解。

（五）观摩传输式辅导

观摩传输式辅导即采用实地采风、观看影视剧场、多媒体演示等多种方式为辅导对象提供观摩机会，开阔眼界，拓展思路，提高辅导质量。观摩是群众文化辅导不可缺少的一种手段，有目的地进行直接或间接的观摩可以取得事半功倍的辅导效果。采风原指到民间去采集搜集民歌、民谣、传说、故事等口头文艺创作，后也指到民间拍摄采集地方风光与民俗。群众美术、摄影、书法以及群众文艺创作辅导多采用采风的方式获得创作灵感。群众舞蹈、音乐、戏剧、戏曲、曲艺等艺术表演门类则更多地需要到剧场、影院去进行观摩。

（六）实习传输式辅导

实习传输式辅导是在辅导者的带领下，开展创作或排练、演出展示等活动，并将辅导内容融入其中，以此提高辅导质量。实习，顾名思义，就是在实践中学习。群众文化辅导也离不开实习，即在经过一段时间的辅导或辅导即将结束之时，将传授给辅导对象的知识运用到群众文化活动的实际工作中。如根据所辅导的专业或内容有针对性地组织辅导对象进行群众文艺创作，或组织文艺节目排练、演出等。

（七）网络传输式辅导

网络传输式辅导是利用网络媒体、电化演示等科技手段来进行群众文化辅导活动。随着网络技术的发展，利用网络进行群众文化辅导已经成为群众文化辅导的重要手段。主要形式有利用网络为辅导对象提供网上授课、网上辅导资料查询下载、网上展示以及进行远程指导等。网络资源十分丰富，开展网络传输辅导有助于提高辅导效果和质量。如进行群众音乐辅导，可以充分利用网上的音乐资源，既可使欣赏更深入和充分，还可以根据个人所需进行模仿和校正。

二、群众文化活动的辅导方法

由于群众文化活动的辅导对象在职业、年龄、文化程度、艺术素养和接受能力等方面都存在着较大差异，因此应根据辅导对象的差异选择适宜的辅导方法。即在实施群众文化辅导的过程中，注意遵循群众文化辅导的一般规律，采取便于辅导对象接受的、灵活多样的辅导方法实施辅导，以保证辅导的最终效果。

群众文化活动的辅导大体可分为以下八种方法。

（一）目标激励法

目标激励法就是帮助辅导对象在辅导活动的初始阶段就明确学习目标、找准方向，从被动学习转为主动学习。采用目标激励法最主要的就是根据辅导对象的实际情况确定适当的学习目标，既不要使辅导对象感觉目标过高而失去信心，又不能因目标过低而失去学习的主动性。同时在辅导过程中，应针对辅导对象的心理追求设定阶段目标，及时发现并鼓励辅导对象所取得的点滴进步，在遇到困难的时候，又要鼓励辅导对象坚定信心，克服困难，适时地教授相关的知识和技能技巧，从而实现最佳的辅导效果。

（二）循序渐进法

循序渐进法就是辅导者要根据辅导对象的具体状况，进行由浅入深、由表及里的渐进辅导。在群众文化辅导中，应紧密联系辅导对象的实际，采取由浅入深、由简到繁、由表及里、由慢到快的方法，注重打牢基础、循序渐进，一步一个脚印地按照层次和次序有步骤地进行，切忌推进过快。急于求成的结果，不仅会欲速则不达，还会使辅导对象的学习走弯路、入邪路，造成难以纠正、难以为继的后果。

（三）示范引导法

示范引导法就是通过辅导者或特定示范者的示范演示，引导辅导对象模仿学习。示范在群众文化辅导中起着重要的作用。在辅导中，辅导者通过自身科学的、高水平的示范演示，或者通过引导特定示范者或辅导对象的示范演示，可以起到带动辅导对象的感官体验，提高辅导感染力和感悟力的作用。尤其针对辅导对象学习和训练中存在的问题，进行有针对性和对比性的示范，有助于提高辅导对象的鉴赏力和分析力，可以起到事半功倍的作用。借助高水平的演艺作品进行演示，也是一种有效的示范方法。

（四）难点突破法

难点突破法就是根据辅导过程中的实际情况，寻找出难点的解决方法，进行重点辅导。对辅导中出现的难点问题，应力求做到：找出难点的症结所在，将难点进行分解，注重分析难点与其他相关辅导内容的内在联系，认真研究突破难点的有效途径，运用便于辅导对象接受的辅导理念和辅导方式调动辅导对象的内在潜能，通过分步骤、分阶段、分层次地解决难点问题，使难点一步一步得到解决。

（五）反向思维法

反向思维法就是辅导者从辅导对象思维的角度所进行的启发性辅导。在群众文化活动辅导过程中，有时面对辅导对象正向思维难以理解的重点、难点问题，应当运用反向思维法进行辅导。反向思维就是打破正向思维机械和僵化的思考问题模式，采用"倒过来想问题"的方法，从中发现解决问题的办法。在群众文化辅导中，采用反向思维法就是用辅导对象思考问题的角度和方式去理解辅导中遇到的问题，找到辅导对象理解问题时出现的误区和盲点，进而达到解决问题的目的。

（六）借鉴融汇法

借鉴融汇法就是将其他门类成功的辅导经验融入本专业的辅导中。在群众文化辅导中，还应学会借鉴和运用姊妹艺术在辅导方面的知识和方法，包括一些绝招、绝活和绝技，来破解本专业辅导中遇到的难题，提高本专业的辅导效果。如在群众音乐辅导活动中，就可以借鉴戏曲、曲艺、舞蹈、美术等艺术门类的知识，帮助解决群众音乐创作、表演、技能技巧训练等辅导过程中遇到的问题。适时运用借鉴融汇法，可以丰富、活跃和创新群众文化辅导手段，有助于群众文化活动辅导水平的提高。

（七）理论指导法

理论指导法就是将群众文化的理论知识灵活运用于群众文化活动辅导的实践，使辅导对象在接受辅导的过程中能够得到理论上的提高。辅导过程不能脱离理论的指导，确保辅导对象顺利完成从感性认识到理性认识的转变，是群众文化辅导的重要环节。在群众文化辅导中，辅导者应根据所遇到的问题，有针对性地讲授原理、揭示真谛，高屋建瓴地剖析本质，使辅导对象既能掌握实际技能，又能掌握基本理论，从而有效减少和避免群众文化活动的盲目性和片面性，达到"知其然"并"知其所以然"的目的。

（八）检查评定法

检查评定法就是通过对辅导对象阶段性学习成果的检查和指导，达到辅导的预定目标。检查评定是群众文化辅导过程中经常采用的重要辅导手段，其目的既是为了使辅导对象了解自己的学习效果，也是为了检查辅导目标的实现程度。检查评定一般可采用阶段性或总结性的考试考核方式，也可采用现场演示或现场问答的方式来完成。无论采用何种方式进行检查评定，都应当力求客观公正，并通过检查评定发现、解决辅导对象存在的知识和技能方面的问题，巩固已取得的辅导成果，调动和提高辅导对象的学习积极性，使辅导对象得到新的进步和提高。

群众文化活动的辅导过程是一个复杂的动态过程，对群众文化辅导模式、形式和方法的选择应因时而异、因地而异、因人而异，不应千篇一律、机械套用。此外，群众文化辅导过程也不是套用一种规制从一而终，而是要根据辅导过程出现的新情况、新变化，综合采用两种或多种辅导模式、形式和方法来进行。简而言之，就是一切从实际出发，合理、灵活地选用辅导方式和方法。

▶ 第四节　群众文化活动的分类辅导探究

一、群众文化静态活动的分类辅导

（一）群众美术活动的辅导

1. 群众美术活动辅导的内容

（1）美术基本常识。群众美术辅导的对象大多是美术爱好者和业余作者，大都没受过专业训练，需要向他们介绍一些美术基础知识，使他们对美术专业有个初步的认识。首先，讲解相关美术名词的含义，如美术、绘画、雕塑、工艺美术、建筑艺术、中国画、西洋画、工笔、写意、素描、速写、写生、临摹、创作等；其次，应简要介绍中外美术史知识，如中国美术、民间美术、西洋美术、中外艺术流派、中外绘画名作等。

（2）绘画基本技法。绘画辅导要以实践为主，掌握绘画技法是辅导的首要目的。辅导技法要结合辅导对象的绘画基础和需求，由易到难，循序渐进。绘画技法分为中国画技法和西洋画技法两大类，中国画技法有工笔线描、渲染敷色、写意技法、章法布局等；西洋画技法有明暗造型、色彩写生、油画技法、构图形式等。此外，还有一些共通的基本技法，如速写、素描的练习，通过研究结构、解剖、透视等造型规律，提高辅导对象的造型能力，为学习其他画种技法打下基础。

（3）创作基本要领。学习绘画知识和技法是为了进行创作，不同画种、不同画科有不同的创作方法，让辅导对象了解创作基本知识，掌握创作基本要领是辅导的最终目的。创作辅导主要有以下三个环节：一是赏析美术名作。选取古今中外有代表性的作品，讲解其主题思想、艺术技巧、构图方式、创作程序等知识，使辅导对象提高美术创作的修养。二是进行创作实践。辅导对象运用已掌握的知识和技法进行创作实践，处理好临摹、写生、创作三者的关系。三是创作活动点评。针对作品和实践过程进行点评，指出作品优劣所在，分析问题产生的根源，不断提高创作水平。

2. 群众美术活动辅导的注意事项

（1）辅导计划要有针对性。群众美术辅导的内容和形式具有较强的针对性，认真调查了解群众的需求及其接受能力，研究相适应的辅导方式，做出严谨的辅导计划。美术辅导内容丰富，辅导对象情况不一，制订辅导计划一定要依据辅导对象的特点和要求，尊重艺术学习规律，制订出多类别、多层次、多形式的方案。辅导计划既要有长远规划，也要有近期目标，既要符合地区文化发展战略，又要符合群众的多种需求，辅导计划要具有针对性、科学性和可行性。

（2）辅导活动要有连续性。美术辅导的目的在于出人才、出作品，增强辅导对象的艺术创造力，满足人们不断变化的审美需求。辅导活动要有连续性，以保证群众创作队伍的不断壮大、创作水平的不断提高。辅导的连续性主要体现在内容、时间、人员等方面，辅导内容要按照学科规律有先后之分；技法练习由易到难要有分期目标；辅导对象要逐年增多形成梯队。辅导活动既有阶段性，又有连续性，普及和提高相结合，长期坚持，循序渐进，才能达到长远的、预期的目的。

（3）辅导方法要有灵活性。辅导活动的场地、时间、人员、内容、设备等因素多有不同，要求辅导者因地制宜采取灵活的辅导方式。辅导不同的内容，就要有不同的辅导程序，如学习西洋绘画大多从实物写生入手，而学习中国画就多从临摹作品开始；辅导对象的数量不同，采取的授课方法也不同，如学员较少，辅导者可在画案上作画示范，学员多时可利用多媒体投影进行示范；辅导对象不同、目的不同，辅导要求也不同，如老年学习多为消遣，辅导宜求浅显，青年学习多为事业，辅导务须求严；不同地区、不同时期，辅导方法亦须有别。

（4）辅导教师要有积极性。群众辅导方面，人员复杂，科目繁多，难以奏效，辅导者的事业心、责任心至关重要。辅导活动的成功与否关键在于辅导者，辅导者要有较高的思想境界，能够站在传承民族艺术遗产、发展国家文化事业的高度来看待群众美术辅导，充分认识到辅导活动的现实意义和深远意义，有长期不计得失、埋头工作、无私奉献的精神。辅导者需要不断地刻苦学习，努力实践，提高自身业务能力，满足群众多方面的辅导需求，积极主动地做好群众美术辅导工作。

（二）群众摄影活动的辅导

1. 群众摄影活动辅导的内容

（1）摄影基本知识：包括摄影的概念、摄影的功能、摄影的发明与应用；什么是群众摄影、群众摄影活动的兴起与发展等内容。

（2）照相器材知识：包括传统胶片照相机（120 相机、135 相机、"傻瓜"相机等），数码相机（小型相机、单反相机等）；感光材料：传统胶片（黑白胶卷与彩色胶卷的种类、性能和使用）、数码感光元件（成像部件、画幅、像素）；液晶显示屏与取景器；镜头（镜头的基础知识、常用镜头的类型与性能）；常用配件（三脚架、闪光灯、遮光罩、滤光镜、快门线、清洁工具等）等内容。

（3）摄影理论基础知识：包括光圈（光圈的作用、大小与应用）；快门（快门的作用、种类、速度与应用）；感光度（感光度的概念、选择和使用）；曝光组合（曝光组合的意义、如何正确选择曝光组合），曝光补偿（曝光补偿的概念和方式），包围曝光；测光（点测光、中央重点测光、局部测光、评价测光）；景深（景深的概念、作用、决定因素和应用）；色温与白平衡（色温的概念和典型光线的色温，白平衡的概念、作用、设置和效果）；正确对焦（自动对焦、手动对焦）等内容。

（4）数码摄影操作知识：基本操作，包括安装电池、安装存储卡、装卸镜头、调节屈光度、对外连接和操作；基础设置与应用，包括日期时间和语言，休眠时间，图像画质（画质细节设置：锐度、反差、饱和度、色调，像素和格式的选择），回放和删除，实时显示功能，闪光灯拍摄，曝光模式（全自动、P 模式、光圈优先、快门优先、手动模式），场景模式，驱动模式（连拍设定、自拍定时），照片风格等。

（5）摄影创作基础知识：包括持机方法；拍摄方位（正面、前侧面、全侧面、后侧面、背面），拍摄高度（平角、仰角、俯角），景别与镜头使用（远景、全景、中景、近景、特写）；构图（构图的概念和目的，主体、陪体、环境和背景的处理，常用构图技巧：黄金分割法、三角形构图、框式构图、中央构图、曲线构图、对角线构图、横线和竖线构图等）；光线及应用（光源种类、自然光的类型、光的方向、人工光的用途）；影调与色调。

（6）专题实拍技术：包括人像摄影、风光摄影、纪实摄影、静物摄影、家庭生活摄影、其他场景摄影等专题摄影的各自特点、类型和拍摄技巧。

（7）照片后期处理技术：包括图像处理的基础知识（像素与分辨率、文件格式、图像处理软件等）、照片的裁剪（二次构图），照片的修正（曝光、色彩、对比度、变形等的修正，锐化处理，特效制作等）；照片的传输、储存、管理和查看，网络互动（互联网展示交流、网络摄影比赛等）。

（8）与群众摄影活动相关的其他知识：包括群众摄影队伍的组建和活动，群众摄影采风、比赛、创作活动的组织，群众摄影创作题材的选取等。

2. 群众摄影活动辅导的注意事项

（1）坚持分类辅导。了解和掌握被辅导对象的情况，按照不同年龄层次、文化素质、摄影基础及对摄影知识的需求等分类进行辅导，做到有针对性。

（2）讲解通俗易懂。辅导者应避免讲深奥的理论，语言表述要大众化，尽量让群众理解和接受，真正取得实效。

（3）紧密联系生活。群众摄影辅导活动要和社会生活紧密相连，通过走进自然和深入生活的实拍辅导训练，让群众感受自然美、生活美，并乐于享受美、摄取美，同时还要注重培养辅导对象的吃苦精神。

（4）运用形象教学。辅导者在摄影辅导活动中，依托现代化教学手段进行形象化教学，用照片说话，多讲实例，做到言之有物、避免空泛。

（5）适应群众需求。辅导者应根据群众文化活动业余性的特点开展辅导，注意时间的灵活性、方式的多样性，以满足各类人群的学习需求。

（6）知识不断更新。摄影作为现代科学技术的产物，其发展速度之快是任何艺术形式所不能比拟的，因此辅导者要根据摄影技术的快速发展，不断学习掌握新知识、新技术，以适应辅导工作的需要。

（三）群众书法活动的辅导

1. 群众书法活动辅导的内容

（1）书法艺术知识：包括汉字字体的发展及书写艺术传统、文房四宝、碑帖、书论等；各类书体，含楷书、行书、草书、隶书、篆书等；书法艺术技巧、书法艺术欣赏等。

第一，汉字的字体发展历史及书写艺术传统：即中国书法篆、隶、楷、行、草五种书体的发展及先秦（大篆）、秦朝（小篆），两汉至三国（隶书）、魏晋（近体书，指楷、行、草三种书体）、南北朝（魏碑体）、唐代（楷书）、宋代（学帖）、元代、明代（行草、台阁体）、清代（书法理论）等汉字字法发展史的重要发展节点。

第二，文房四宝：即纸、笔、墨、砚，是中国书法绘画艺术的必备工具，不仅历史悠久、品种繁多，而且质地优良、做工精细。宣纸、湖笔、徽墨、端砚都是文房四宝中的珍品。

第三，碑帖：即各朝各代的名家可以作为楷模的法书，包括碑学与帖学。碑刻的种类繁多，达有四五十种，主要有碣、碑、摩崖、造像、墓志、墓莂、石阙、浮屠、经幢、石经等十大类。帖指前代书法名家于帛及纸上的尺牍、案卷、书疏、函札等墨迹原本，以及各代出土的被后人作为书法研摹的竹、简、帛书及各种摹刻的复制品。

第四，书论：即古圣先贤积累的典籍文献，包括《笔论》《九势》《四体书势》《笔阵图》《题卫夫人（笔阵图）后》《笔意赞》《书品》《书后品》《书谱》《海岳名言》《续书谱》《南北书派论》《艺舟双楫》《广艺舟双楫》《书法正传》等名作。

第五，书体：即汉字书法的楷、行、草、隶、篆等书体。

第六，书法艺术技巧：包括学书姿势、临摹碑帖、格式运用、学书次序以及基本的学书方法：执笔法、腕法、永字八法（侧、勒、努、趯、策、掠、啄、磔）、三折法、笔势与意志、字体结构、句法与章法等。

第七，书法艺术欣赏：包括书法美学、书法艺术欣赏与品评、书法的章法、书法的气韵、足迹与眼界、人品与书品等。

（2）各种性质的书法。

第一，实用性书法：书法的实用性延续整个书法史，历史发展到今天，虽然电脑、网络的发展对书法的实用性有所冲击，但是群众书法中仍未失去其所具有的适用范围与实用价值。

第二，展示性书法：随着书法实用性的减弱，书法的展示性越来越强。包括展览性书法：如个体性展览、个体联合性展览、团体性展览、团体联合性展览、研讨探索性展览、定期性展览、陈列性展览、比赛性展览（电视书法大赛、专题性书法比赛、奖杯性书法比赛等）、交流性展览等。装潢装饰性书法：如户外装潢装饰性书法、室内装潢装饰性书法、商业性装潢装饰书法等。

第三，民俗性书法：民俗性书法是民间喜闻乐见的一种书法，具有其独特的书写性。包括吉祥祈福性书法：如百寿图、百福图，商用性"招财进宝"，花鸟字画式书法等；祭祀性书法：如供奉、哀挽等；健身性书法：如地书法、空书书法、气功式书法、舞蹈式书法等。

第四，表演性书法：虽然在书法艺术中不提倡表演，但是在群众文化活动中书法表演却是一项很出色的内容。书法表演可分为个体性书法表演与团体性书法表演。

第五，春联性书法：写春联是百姓过春节时的传统风俗，历史久远，深入人心，写春联均采用对联的形式，具有传统、通俗、高雅、喜庆的特点。

第六，收藏性书法：随着经济生活水平的提高，人们对收藏有着极大的兴趣，书法艺术品的收藏占有极高的比例，因此需要了解书法艺术收藏的基本知识；书法艺术品的收藏价值、购藏技巧；书法艺术品的收藏方法等知识（包括书法艺术藏品的保养与管理、书法表件的展挂）。

2. 群众书法活动辅导的注意事项

（1）坚持书法活动健康向上。书法活动范围广泛，构成群体需求多样，须注意加强对书法活动的引导，确保书法作品的内容、形式及题材健康、积极、向上。

（2）群众书法活动应注重自娱自乐。群众书法活动不同于专业书法活动，应启发学书者在书写过程中得到动静结合的锻炼，享受学习、创作过程中的艺术乐趣。

（3）因材施教，避免千人一面。学书者层面不同，需求各异，书体有限，字体繁多，特别是学书者在择帖时，应注意引导。

（4）布置作业，安排思考题。学习书法的各个步骤都应有时限，尤其是临摹字帖更要有时限，不可朝作夕辍、一曝十寒，同时应围绕临摹字帖安排思考题。

（5）外出考察，有课题。外出考察要注意了解当地的地理、自然、生态、人文、阡陌交通等方面的状况，带着课题去考察，考察结束后，撰写好考察报告。

（6）不断发现，及时推荐。对在基础培训中发现的具有潜力的学员，鼓励他们向更高层次学习进修，积极报考各级艺术院校，去省、市书协和中国书协的书法培训机构进修深造，并及时推荐他们加入各级书法团体。

二、群众文化动态活动的分类辅导

（一）群众舞蹈活动的辅导

1. 群众舞蹈活动辅导的内容

群众舞蹈活动的辅导内容主要包括三个方面：以舞蹈知识讲座、网络媒体等为辅导形式的舞蹈理论基础知识；以各种辅导班、兴趣班等为辅导形式的舞蹈训练内容；根据不同社会需求所创编的群众舞蹈作品。

（1）舞蹈知识普及。舞蹈理论基础知识是舞蹈知识普及的主要内容，它不受主观条件的限制，可以最广泛地满足人民群众对舞蹈知识的需求，帮助群众开启舞蹈的神秘之门。舞蹈理论基础知识主要包括舞蹈基本常识和舞蹈作品赏析知识两大部分：一是舞蹈基本常识，包括舞蹈的种类、舞蹈术语、舞蹈审美特征等基础知识。其主要任务是帮助辅导对象辨认现代舞、民间舞、古典舞等舞蹈种类；二是舞蹈作品赏析知识，即基于舞蹈作品产生的历史、文化背景之上的舞蹈动作语汇、风格形态、作品结构形态、审美价值取向、思维方式呈现等多方面的系统知识，包含作品的题材、体裁、内容、形式、风格、技巧等。

（2）群众舞蹈培训。群众舞蹈培训是通过有组织的舞蹈知识、舞蹈技能的传递行为，让辅导对象亲身参与的舞蹈训练活动。它是建立在舞蹈特殊性——动态性基础上的另一种重要的普及教育形式。群众舞蹈培训主要包括广场舞推广培训，以及针对不同人群、不同需求的舞蹈训练班培训两大类：广场舞推广培训，不同于传统的民俗舞蹈传承活动，它是有组织、有计划的广场文化的培育行为，既包括针对广场舞推广的教员培训，也包括面向大众的广场推广实践活动。培训内容包括富有地域特色的民族舞蹈，赋予时代特色的健身操、韵律操等。舞蹈训练班培训形式多样、种类繁多，最常见的有少儿舞蹈班、成人形体班、老年民族舞班、国标舞等，其教学内容根据辅导对象的年龄、需求以及舞蹈基础的差异而各不相同。

（3）群众舞蹈创编。根据不同目的和需求所进行的群众舞蹈创编活动是群众舞蹈辅导的一项重要内容。依据表演空间的不同，可分为以节庆仪式、强身健体为目的的广场舞蹈，以及以展演展示、交流竞赛为目的的舞台舞蹈。广场舞创编应遵循易学、易跳、形式活泼、参与性强等原则，结合其四面皆是观众的特殊性而进行。节庆仪式类的广场舞，注重"场"与"面"的关系，追求宏大、喜庆的氛围；强身健体类的广场舞，往往节奏鲜明、队形简单，强调自娱性。舞台舞蹈创编以群舞居多，与职业舞蹈相比，群众舞蹈的动作技术难度不高但动态特色鲜明，没有固定不变的创编规则可循，唯有始终坚持不拘一格、推陈出新，才能从各种展演展示、交流竞赛中脱颖而出。

2. 群众舞蹈活动辅导的注意事项

（1）以辅导对象为中心。树立"以辅导对象为中心"的服务意识，辅导者既是主导者、组织者又是服务者。主导者，即在辅导过程中，发挥辅导者的主导作用，充分体现辅导对象的主体地位。组织者，强调广泛的群众参与面和辅导活动受惠面，要求辅导者充分调动群众的参与积极性和学习主动性。服务者，突出的是一切从群众需求出发，满足不同人群的多样需求，使辅导对象通过参加辅导活动达到既锻炼体魄又愉悦身心的目的。

（2）辅导内容"宜宽不宜深"。内容的选取既要注意辅导内容的广泛性，又要根据辅导对象的身心特点，注重辅导内容的可接受性。让辅导对象不断获得成功的体验，呵护好辅导对象的舞蹈兴趣，是内容选取的基本标准。对群众性的舞蹈辅导而言，过高的技巧、过难的动作都不适合。而群众需求的多样性、社会辅导的长期性等，都决定辅导内容的广泛性。

（3）重视辅导效果信息反馈。树立"小循环、多反馈""即时反馈与远时反馈"相结合的意识。在辅导过程中，针对难点动作、重点知识的掌握情况，做好及时评价、多次点评；辅导结束时，进行总结反馈；还要注意多创造汇报、交流、演出的机会，让辅导成果在活动和比赛中展示、在普及中得到提高。

（二）群众音乐活动的辅导

1. 群众音乐活动辅导的内容

群众音乐活动的辅导对象是非音乐职业的广大群众，辅导的重点是群众音乐骨干和各类音乐团队组织。由于辅导对象大部分没有经过专业院校的学习，存在着音乐知识掌握不够系统、表演技能技巧掌握不够全面等问题，因此所需辅导的内容具有普及性和实用性的特征。

（1）群众音乐活动知识。主要辅导内容有音乐概论、乐理、识谱、音乐赏析、表演等方面的基本知识。对群众声乐、器乐各专业爱好者的主要辅导内容，应是他们在学习、训练、提高演唱和演奏技能、技巧的过程中，所需掌握的基本知识和相关专业知识。随着科学技术的不断发展，运用现代科技手段，使用数字音乐设备进行音乐编配、制作、表演、传播等所需要的基本知识等，也应纳入群众音乐辅导的范围。

（2）群众器乐活动知识。群众器乐活动有合奏、独奏等。

合奏的主要辅导内容：a. 掌握合奏的基本知识，即结合乐队的实际情况进行分组编制，并选择曲目、合理编配；b. 对乐曲的整体把握能力。即通过对乐队领奏、分奏、多织体合奏等有步骤地进行训练，运用多种乐器性能、多种音色组合、多种演奏表现方法深刻表达乐曲的内容。

独奏的主要辅导内容是：通过对作品的分析、理解，掌握和运用乐器的多种技能、技巧，完整地表现乐曲内容，形成独特的演奏风格特点。

（3）群众声乐活动知识。群众声乐活动有合唱、独唱等。合唱的主要辅导内容是合唱的基本知识。即通过歌唱的咬字、呼吸、共鸣发声训练，音准、节奏训练等过程进行有步骤的辅导，以达到声音的和谐统一。同时应运用"刚、柔、弹、跳、强、弱、快、慢"等多种演唱技巧和手段，深刻地表现歌曲内容，使演唱的作品具有亲和力、感染力和震撼力。独唱主要辅导内容是：通过对作品的分析、理解，运用"声、情、字、味、表"等多种手段表现歌曲内容，形成独特的演唱风格特点。

（4）群众音乐创作活动知识。首先要掌握音乐创作方面的基本知识，即通过对生活中题材内容的深刻理解和想象，运用创作知识和技法进行情感表达，借以体现出"前不见古人"的独创性，使创作出来的作品能够真实地反映社会生活。其次是围绕鲜明的主题，进行整体形象的构思、曲式结构的构思，运用创作技法结构处理好歌曲风格、调式、调性、和声等要素。最后要安排好作品的开头、结尾、乐句、乐段、间奏、高潮等布局，使作品表达完整，努力塑造出生动、富有感染力、个性鲜明的音乐形象。

2. 群众音乐活动辅导的注意事项

（1）以成熟的案头工作实施辅导内容。案头工作是做好辅导工作的前提。无论是音乐演唱还是演奏，无论是一对一辅导还是群体辅导，辅导者都应先做好案头工作。案头工作要密切联系实际，有调查、有研究、有决策，发挥辅导者的聪明才智，通过本身的知识积累和学习创新完成案头工作。制订出成熟的辅导方案，对要完成的辅导内容和主要解决的问题要做到思路清晰，以新知识、新方法、新的音乐示范内容等，通过辅导过程不断提高辅导对象对音乐的学习兴趣，引领辅导对象打开新思路、掌握新知识。

（2）以情感辅导培养辅导对象的学习兴趣。在群众音乐辅导中，辅导者要以情感为纽带培养辅导对象学习音乐的兴趣。音乐带有感情色彩，离不开情感表达。辅导者以对音乐作品的理解和情感体验，以优美的范唱、范奏和生动的讲解来激发学生的情感，营造出一种自由的、轻松自然的辅导环境，激起辅导对象的情感共鸣，这样不仅能使辅导对象迅速理解和掌握辅导内容，还能缩短辅导者与辅导对象之间的心理距离。相反，辅导者情感平淡、严肃拘谨，辅导空气紧张，让辅导对象在这种氛围中接受辅导，有碍于调动辅导对象的艺术感觉，不仅达不到好的辅导效果，还会直接影响到辅导对象以后的学习兴趣。

（3）以打好音乐基础作为辅导的重点。群众音乐活动辅导的对象是大部分音乐知识掌握不够系统、表演技能技巧掌握不够全面的普通音乐爱好者。因此，对这一群体的辅导要以打好基础为重点，强化基础，贯穿始终。首先辅导者要对辅导对象加强音准、节奏等方面的基础训练，还要启发他们多听、多看、多练，不断增强他们对音乐的理解和表达能力；其次要强化基础辅导内容的学习训练，练好扎实的基本功，还要不断培养提高辅导对象的学习兴趣，让辅导对象在学习音乐的进程中由被动到主动、由主动到执着，直至完全入门，有些还可经过深造，成为基本功扎实、音乐知识全面、有用武之地的音乐骨干。

（4）以循序渐进的原则安排辅导内容。在群众音乐辅导活动中，始终遵循"循序渐进"的原则，由浅入深、由简到繁，按次序、有步骤地安排好辅导内容。如在声乐辅导中，先要安排唱好低、中音区，打好坚实基础后才能安排唱好高音区。唱好高音区也要循序渐进，如要唱好高音区所需要的气息、共鸣等位置，先唱好单母音、唱好练习曲，再唱带有高音区的歌曲等。否则，在没有掌握好唱高音区的技巧时，乱唱高音，并选择力不从心的作品演唱，只会适得其反。安排器乐等其他音乐形式的辅导内容，也要遵循"循序渐进"的原则，以免造成难以纠正的毛病和难以挽回的损失。

（5）以不断的研究实践提高辅导能力。在群众音乐辅导活动中，辅导者不但要具备一定的音乐辅导知识水平，还要具备一定的活动组织、音乐创新、文字表达、工作协调等多方面的能力。这就需要辅导者不断加强自身学习，提高文化艺术修养和辅导能力。在辅导实践中，善于总结辅导经验，并上升到理论的高度加以研究，研究成果还要有针对性地加以实践，使自己成为群众音乐辅导的研究者和带头人。

（三）群众戏剧戏曲活动的辅导

戏剧是指演员在舞台上通过语言、歌唱、音乐、舞蹈等手段扮演各类角色，将动人的情节展现给观众的综合性艺术形式。由于科学技术的发展，戏剧概念也在发生着变化，一些人士将以剧本为核心进行剧情表现的艺术都纳入戏剧范畴，例如电视剧、电影等。群众戏剧辅导是个综合概念，除了表演艺术以外，还有服装、道具、化妆、音乐、舞台效果等一系列的内容，它们组成戏剧艺术的全部。

戏剧是个大概念，每个国家都有自己的戏剧艺术，戏曲是戏剧的组成部分。我国的戏曲是专指中国传统的戏剧形式，由于其表现的复杂性和特殊性，在群众性的戏剧辅导中，可将西方戏剧和中国戏曲从戏剧的大概念中分离开来，形成群众戏剧概念和群众戏曲概念。广大戏剧爱好者对戏剧艺术的兴趣往往是从对某出戏或对某个名家的喜爱或崇拜开始，模仿是人们实践的开端。其辅导内容的选择应视辅导对象和辅导形式的具体情况而定，状况不同其内容的重点也不应相同。

1. 群众戏剧活动辅导的内容

（1）戏剧理论基础知识。

第一，戏剧理论基础知识即戏剧艺术的基础性理论知识。学习这部分知识的目的是了解以话剧为核心的戏剧艺术的基本概念。话剧艺术起源于西方，经过长期的实践与发展形成完整丰富的理论体系和形态。由于东西方文化的差异，我国一般群众用传统的文化理念去理解西方戏剧理论是比较困难的。学习戏剧理论基础知识有助于提高对这门艺术的整体认知能力。

第二，中外戏剧发展概要：主要学习西方戏剧形成的历史背景和条件及发展过程；传入我国的时间和历史背景；西方艺术在我国形成的土壤和条件等。学习这部分内容可以了解戏剧艺术的发展过程，对掌握戏剧的本质有帮助。

第三，戏剧基础理论知识：对广大戏剧爱好者来说，学习一定的理论知识是必要的，在编排群众性戏剧节目中所采用的任何技术和技巧都应当以戏剧理论为依据。引导每一个辅导对象由感性娱乐型学习向理性知识型学习转化，是群众文化"寓教于乐"的具体体现。例如戏剧性、间离效果、戏剧表演三大体系、三面墙和四面墙理论等，都是要学习的内容。

第四，戏剧风格与流派：戏剧的流派很多，它们产生于不同的历史时期和社会背景，各自具有鲜明的艺术风格和特征，前面所述的一些理论都源自各个流派。例如自然主义戏剧、象征主义戏剧、未来主义戏剧、荒诞派戏剧、先锋派戏剧等。这部分知识对戏剧爱好者把握具体剧目的风格，提高对戏剧艺术元素的理解能力具有重要作用。

（2）戏剧艺术基础知识。

第一，戏剧艺术基础知识即戏剧艺术应用性理论知识。在群众戏剧活动过程中，表演者在剧中的每一个行为都有其目的，都必须按照剧情的要求去塑造人物。因此，学习艺术的相关知识是完成群众性戏剧作品的前提。

第二，主要学习内容包括戏剧动作与戏剧语言、戏剧悬念与戏剧冲突、戏剧元素与戏剧目的，戏剧导演与戏剧表演，情节线与动作线，戏剧故事与戏剧主题，剧本情节与剧本角色，戏剧舞台美术与戏剧音乐，典型人物与典型性格，编剧基础知识等。

（3）戏剧操作基础知识。戏剧操作基础知识，即戏剧艺术实操方法类知识，这部分内容是指对完成艺术作品的基本方法和要求，是群众戏剧辅导的主要部分。在群众戏剧实践活动中，每一个参与者的目的都是为了满足自身的文化需求，对演员和导演的职业感觉和界限分工并不强。因此，技术操作性知识的选择不必求深，但要全面。主要的学习内容包括剧本的阅读、导演的构思与排练方法、戏剧节奏与舞台调度、演员角色的进入与角色的再创作、戏剧台词要素与形体训练要求、戏剧排练计划与排练方法、演职人员的分工与配合等。

2. 群众戏曲活动辅导的内容

（1）戏曲理论基础知识。

第一，戏曲理论基础知识即戏曲基础性理论知识：中国戏曲艺术是中华民族文化艺术的结晶，经历上千年发展历史。广大戏曲爱好者通过对基础理论的学习，可以提高对中国传统艺术的认知能力，同时进一步增强民族自豪感。辅导者应尽力使辅导对象对戏曲艺术不仅要知其然，还要知其所以然。

第二，中国戏曲概要：主要了解我国戏曲艺术自先秦时期的萌芽期开始，经过形成期、发展期、成熟期，直至明清时代的繁荣期全部的发展过程。戏曲发展的每个时期都留下清晰的时代烙印和代表剧目及人物。掌握相关历史知识有助于人们对我国民族艺术本质的理解。

第三，戏曲的种类与特征：我国是一个历史悠久的统一的多民族国家，各民族地区的戏曲剧种有 360 余种，传统剧目数以万计。每一个剧种的形成与发展都有其相应的历史背景和社会环境，因此形成各自的模式和特征。辅导对象通过学习相关知识，可以开阔视野，提高分析能力和审美能力。

第四，戏曲风格与流派：戏曲风格分剧种之间的风格特征和剧种内部的风格特征两类。不同风格产生不同的流派，这正是戏曲魅力所在。辅导者在选取辅导内容时，应视辅导活动的类型及辅导对象的具体情况和需求而定。

（2）戏曲艺术基础知识。中国戏曲是综合性艺术，包含文学、语言、音乐、舞蹈、美术、杂技、武术以及民间艺术等，并将多方面的艺术形式融为一体。虽然各剧种的侧重点不尽相同，但都形成统一的戏曲规范和程式。了解戏曲规范是辅导对象参与戏曲艺术的先决条件。主要内容包括戏曲的程式规范、戏曲音乐与板式、戏曲的服装与道具、戏曲韵白与韵律、戏曲锣鼓经、戏曲文武场等基础知识。

（3）戏曲操作基础知识。戏曲爱好者若要参与戏曲剧目的实践活动，必须掌握相关技巧。戏曲的表演技法是一个复杂的技术系统，集唱、念、做、打为一体，在世界戏剧领域内都是罕见的。作为戏曲爱好者若想达到职业表演者的水平是很困难的，辅导者应站在辅导对象的角度选择辅导内容。主要内容包括戏曲唱功练习、戏曲念白练习、戏曲身法练习、戏曲台步练习、戏曲腿功练习、戏曲编导基础知识等。

3. 群众戏剧戏曲活动辅导的注意事项

（1）做到"两个结合"。戏剧戏曲是一门文学性很强的综合性艺术，不同状况和不同审美水平的群众对戏剧艺术的理解能力也各不相同。如果理论性的内容选择过多，则辅导对象就会产生枯燥感和疲劳感。若仅侧重操作性内容辅导，又会使辅导对象失去目标而产生盲目感。因此，在辅导内容的选择上必须做到普及与提高相结合、基础知识与实际操作相结合。

（2）从提高兴趣入手。群众参与戏剧戏曲活动的主要原因是满足自身的文化需求，因此在辅导过程中应从提高群众的兴趣入手，采取多种形式来满足辅导对象的各种需求。在通常情况下，辅导对象参加培训都有求知性和自娱性心理，而且在大多数时间内这两种心理会并存。必须充分认识在群众性戏剧活动中，辅导对象既是表现者又是观赏者。

（3）注意因材施教、量力而行。群众戏剧戏曲活动的辅导应是一个由感性到理性的渐进过程，对大多数辅导对象来说，对于戏曲艺术的兴趣仅仅来源于爱好，在理论知识面前存在紧张和陌生感是不难理解的。由于人们参加辅导活动的目的和接受能力各不相同，故对辅导对象的理论知识传授不可以一次输入过多，时刻注意因材施教、量力而行。

第四章 非物质文化遗产保护传承的逻辑理路

▶ 第一节 非物质文化遗产的基本认识

一、非物质文化遗产的演变

（一）早期非物质文化遗产的形成与发展

在人类历史的早期阶段，非物质文化遗产主要以口头传统和风俗的形式存在。这些文化表现形式包括神话故事、民间传说、音乐舞蹈、节庆活动和传统手工艺等。这些文化元素在社区成员之间代代相传，成为他们身份认同和文化传承的重要组成部分。例如中国的春节、中秋节等传统节日，以及各地的民俗舞蹈、戏曲等，都是非物质文化遗产的典型代表。

随着社会的进步和民族的迁徙，不同文化之间的交流逐渐增多，促进非物质文化遗产的传播和发展。一些具有普遍价值的非物质文化遗产逐渐被更多的人所接受和认可，成为跨文化交流的桥梁和纽带。

（二）非物质文化遗产的现代变革

非物质文化遗产的保护传承引起广泛关注，众多国家和地区开始采取措施，强化对非物质文化遗产的保护传承，如制定相关法律法规、设立非物质文化遗产名录、进行普查和深入挖掘等，为非物质文化遗产的保护传承提供坚实的支撑。

在我国现代化进程中，非物质文化遗产作为民族文化的重要组成部分，正在经历一场深刻变革。这场变革需要保持敬畏之心和开放态度，珍惜和保护好这些

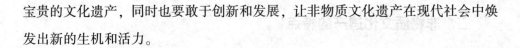

宝贵的文化遗产，同时也要敢于创新和发展，让非物质文化遗产在现代社会中焕发出新的生机和活力。

（三）非物质文化遗产的当代探索

在全球文化交融与碰撞的大背景下，非物质文化遗产的当代探索显得尤为关键。这不仅关乎传统文化的保护传承，更和文化的创新与发展紧密相连。面对现代化和全球化的双重挑战，我国应坚定文化自信，充分挖掘非物质文化遗产的独特价值，为民族文化的繁荣与发展注入新的活力。文化自信是一个民族或国家在文化领域的自信表现，它源于对本国优秀文化传统、文化成就和文化创新的自豪感。在我国悠久的历史长河中，不仅诞生丰富的物质文明，更形成以爱国主义、集体主义和自强不息为核心的精神文明。这些宝贵的精神财富构成文化自信的坚实基础。

非物质文化遗产作为传统文化的重要组成部分，是文化自信的重要源泉。通过加强对非物质文化遗产的保护传承，稳固文化根基、丰富文化底蕴、坚韧文化传承，从而为文化自信提供有力支撑。非物质文化遗产的传承不仅是一种文化自觉的表现，更有助于接触外来文化的同时，更加自觉地认知和保护本民族的文化，从而在保护和发扬本土非物质文化遗产的过程中增强文化自信。

此外，非物质文化遗产对于社会主义核心价值观的培育与传承具有重要意义。作为传统文化的核心组成部分，非物质文化遗产与社会主义核心价值观相互融合，共同构建中国特色社会主义先进文化体系。通过非物质文化遗产的保护传承，进一步弘扬社会主义核心价值观，强化价值认同，促进其在日常生活中的融入与实践。

在非物质文化遗产的当代探索中，须推动传统文化与现代文化的融合。通过对非物质文化遗产内涵的深入挖掘和现代文化元素的融入，使非物质文化遗产更加适应时代发展的需求，推动传统文化与现代文化的有机结合，为文化的创新与发展注入新的动力。

总之，非物质文化遗产的当代探索是一项重要而紧迫的任务。应坚定文化自信，加强非物质文化遗产的保护传承，推动传统文化与现代文化的融合，为民族文化的繁荣与发展贡献力量。

二、非物质文化遗产的特点

第一，传承恒定性。传承恒定性是非物质文化遗产的核心特点，它通过人们的精神交流和行为传承实现，并需要传承人不断掌握文化知识和更新观念。传承模式确保非遗不断传承，成为历史发展的见证者。

第二，社会性。非物质文化遗产具有社会性，其生成、存在和传承都离不开人类社会，是人类社会创造力、认知力和群体认同力的体现，也是人类社会活动的重要内容。它反映时代精神，是集体创造，具有多功能性。

第三，地域性。地域性体现非物质文化遗产在特定区域内的起源、传播和发展，以及在不同区域的独特演化。它强调非遗的民族特色，与地理环境和民族文化密切相关，展现出别具一格的风采。

第四，多元性。多元性是非物质文化遗产的显著特质，表现在种类繁多、形态多样以及地域和民族的差异性上。非遗涵盖多个方面，是历史文化的见证和日常生活的重要组成部分，同时体现不同地域和民族的文化传统及表现形式。

三、非物质文化遗产的价值

第一，历史价值。非物质文化遗产反映特定历史条件，揭示生产发展、社会组织、生活方式等。它弥补官方史志不足，揭示真相，有助于真实、全面地认识历史。同时，它也是活态历史，具重要历史价值。

第二，社会价值。非物质文化遗产是传承文化的形态，规范思想观念和行为。它促进人与社会和谐，调整各种关系，达到社会安定、人类团结。非物质文化遗产通过推动价值认同，实现人与社会和谐。

第三，审美价值。非物质文化遗产展现独特魅力，包括传统技艺、民间风俗等。它传承历史文化，丰富审美情趣，促进文化交流和合作。传承非遗增强民族自信，推动文化产业发展，提升文化软实力。

第四，教育价值。一方面，非物质文化遗产中除了包含丰富的历史文化知识、大量的科学知识，还有许多极具审美价值的艺术精品，值得用这些重要的、科学和内容去进行个体教育、学校教育、社会教育；另一方面，使非物质文化遗产教育成为教育的一个重要领域和组成部分，使教育成为非物质文化遗产保护、传承的一条重要途径。

▶ 第二节 非遗保护的理念与标准分析

一、非遗保护的理念

在日新月异的时代背景下，理念，这一源于人类智慧的结晶，成为推动社会进步的重要力量。理念，简单来说，就是对于事物的认识、观念和信仰。它源于人类在生活、工作和学习中对于外部世界的不断探索，是大脑对现实世界的抽象化和概括化。理念具有主观性、相对性和可变性，随着个体认知水平的提高和社会发展的变革，人们的理念也会不断更新和完善。在非遗保护工作中，正确的保护理念至关重要，关乎文化遗产传承、人类文明延续和多样性维护。正确保护理念是非遗保护的前提，包括深入调查、研究，制定科学合理的保护规划和措施；正确保护理念促进非遗活态传承，尊重传承人，鼓励年轻人参与学习和实践；正确保护理念增强公众对非遗认识和尊重，通过宣传教育、推广展示等方式提高公众认知；正确保护理念推动非遗可持续发展，与当地经济社会发展相协调，实现良性互动和协调发展。

非遗保护是我国文化传承和发展的重要内容，对于弘扬民族文化、传承历史文脉具有深远意义。在非遗保护过程中，树立正确的保护理念至关重要。

第一，全面保护与重点突出相结合的理念。非遗涵盖面广泛，包括民间文学、传统音乐、舞蹈、戏剧、曲艺、民间工艺技艺等多个领域。在保护过程中，既要全面梳理和挖掘各类非遗的价值，又要突出重点，对具有鲜明特色和代表性的项目进行优先保护传承。这样的保护理念既能确保非遗的全面传承，又能凸显传统文化的独特魅力。

第二，"原汁原味"与创新发展相结合的理念。非遗是历史积累和人民智慧的结晶，承载着丰富的历史文化信息。在保护过程中，人们要尊重历史，保持非遗的"原汁原味",传承其核心价值。同时,注重创新发展,让非遗与现代生活相融合,使之焕发新的生命力。这种保护理念既能守护民族文化的根脉,又能激发非遗的活力。

第三,传承人与社会力量相结合的理念。非遗的传承和发展离不开传承人,他们是传统文化的重要承载者和传播者。在保护过程中,人们要重视传承人的培养和保障,激发他们的积极性和创造力。同时,广泛动员社会力量参与非遗保护,形成政府、企业、社会组织和公众共同参与的保护格局。这种保护理念既能保障非遗的传承,又能形成全社会共同保护的文化共识。

第四,弘扬传统文化与提升国民素质相结合的理念。非遗保护不仅是文化传承的问题,更是提升国民素质、培育民族精神的重要途径。在保护过程中,人们要通过开展非遗教育、普及传统文化知识,使广大人民群众深入了解和热爱民族文化。同时,充分发挥非遗在道德建设、文明养成等方面的作用,引导国民树立正确的世界观、人生观和价值观。这种保护理念既能提升国民素质,又能弘扬民族传统文化。

第五,国内保护与国际合作相结合的理念。非遗是全人类共同的文化遗产,国际交流与合作对于非遗保护具有重要意义。在保护过程中,人们要立足国内,加强非遗资源的普查、挖掘和研究,制定科学合理的保护措施。同时,积极参与国际文化交流与合作,借鉴国外非遗保护的成功经验,共同推动全球非遗保护事业的发展。这种保护理念既能加大国内保护力度,又能促进国际文化交流与合作。

二、非遗保护的标准分析

(一)非遗保护的标准类型

第一,非遗保护的学术标准。"标准化是我国新时代非物质文化遗产传承保护高质量推进的必然选择,其对于贯彻高质量发展理念、进一步深化非遗传承保护工作以及解决非遗传承保护中诸多现实矛盾具有重要意义。"① 学术标准是对非遗文化的定义、分类和内在逻辑的界定。它有助于清晰认识非遗项目的属性、归类和深层结构，为非遗保护标准制定提供知识框架，并增强传承人的文化自信。学者在非遗保护工作中应积极参与，以系统、扎实的研究为基础，发挥重要作用。学术研究应关注非遗保护的基本理念，不断拓展学术话题，保持生命力和创造力。

第二，非遗保护的文化标准。文化标准在非遗保护中至关重要，能反映社区或群体的文化特点、价值观念和生活方式。制定文化标准须考虑项目的文化背景、历史传承和社会影响，深入挖掘文化内涵和精神内核。同时，借鉴先进经验，完善文化标准的制定和应用。建立监督和评估机制，确保文化标准在非遗保护中的有效实施。

第三，非遗保护的技术标准。技术标准在非遗保护中扮演重要角色：保障产品质量，建设品牌形象，保护传承主体权益，防止假冒伪劣产品。制定技术标准须确保非遗产品制作过程符合传统要求，保持文化特色和艺术价值。同时，明确传承人的地位和作用，提供法律和经济支持。制定过程中，地方政府、企业和社会团体应发挥各自优势，深入挖掘非遗项目的历史渊源和文化内涵，制定更具文化含量和人文关怀的标准文本。

第四，非遗保护中的工作标准。工作标准涉及非遗普查认定、申报、记录、评审、保护等规范，常以行政管理层面的条例、规范、规则、办法、手册、通知、操作指南等形式呈现。这些标准融合技术和文化，包括政府出台的相关法律法规、工作条例、操作指南等。在制定和执行标准时，应坚持以保护传承为核心，关注非遗原貌和内涵的保留与弘扬，并与相关领域协同合作，实现全方位、多层次推进。

（二）非遗保护标准体系构建

在全球化与现代化的冲击下，非遗保护传承显得尤为重要。构建一套科学、

---

① 柏贵喜，王通. 我国非遗传承保护的标准体系构建［J］. 中南民族大学学报（人文社会科学版），2020，40（4）：52.

系统、全面的非遗保护标准体系，不仅是对传统文化的深度挖掘、精心整理与严谨研究的体现，更是对民族优秀文化传承的有力保障。

1. 非遗保护标准体系构建的原则

（1）系统性原则。非遗文化是一个复杂而庞大的系统，涵盖各种传统表演、社会实践、节庆活动、手工艺技能，以及与这些相关的工具、实物、工艺品和文化场所。因此，构建保护标准体系时，须从整体出发，确保各标准之间既相互独立又相互关联，共同构成一个有机的整体。这样，不仅可以确保非遗文化的完整性，还能提高保护工作的效率。

（2）科学性原则。非遗保护标准的制定必须以科学研究为基础，深入挖掘非遗文化的内涵、特点和价值。这要求研究者采用科学的方法，如田野调查、文献研究等，收集和分析数据，确保所制定的标准既符合非遗文化的实际情况，又能反映其内在逻辑和发展规律。

（3）可操作性原则。非遗保护标准不仅要具有理论价值，更要具有实践指导意义。因此，标准的制定应充分考虑其实用性和可操作性，确保传承人、传承群体和相关部门能够轻松理解和应用。这要求标准语言简洁明了、操作步骤清晰具体，为非遗保护工作提供明确的指导。

（4）灵活性原则。非遗文化具有多样性和复杂性的特点，不同地区的非遗项目可能存在较大差异。因此，保护标准体系应具有一定的灵活性，能够适应不同非遗项目的特点和需求。这要求标准制定者既要考虑到普适性，又要兼顾特殊性，确保标准体系既全面又具体。

2. 非遗保护标准体系的基本框架

在非遗保护的广阔领域中，构建一个科学、系统、全面的标准体系是确保保护工作有效进行的关键。这个标准体系的基本框架是以非遗保护环节为主线，形成一个涵盖各环节的树状结构。它不仅为保护工作提供明确的指导，还为实现对非遗保护工作的全面规范奠定基础。

这个标准体系的基本框架是一个以保护工作的全过程为主线的有机整体。它从确认、建档、研究、保存与保护、传承、传播到发展等各个环节进行全面的规范和指导。在这个框架下，每一环节都有相应的标准进行细化和指导，确保保护工作在各环节都能得到有效落实和推进。

在确认环节，标准体系提供价值评估、普查评估、申报评估等一系列标准，以确保对非遗的价值进行准确、全面的评估。这些标准不仅涉及管理层面，还包括技术和工作的具体要求，以确保评估过程的科学性和公正性。

在建档环节，标准体系要求对非遗进行详细的记录和描述，包括其历史渊源、文化内涵、传承方式、社会功能等方面的信息。同时，还要求建立完善的档案管理制度和技术标准，以确保档案的完整性和可用性。

在研究和保存与保护环节，标准体系强调对非遗进行深入的研究和挖掘，揭示其内在的价值和意义。

在传承环节，标准体系关注如何将非遗的知识和技能传递给下一代。它要求制定详细的传承计划和教育材料，并关注传承人的培训和支持。同时，还要求建立激励机制，鼓励更多的年轻人参与到非遗保护传承中来。

在传播和发展环节，标准体系强调如何将非遗以适当的方式呈现给公众，并推动其创新发展。它要求制定科学的传播策略和管理标准，并关注与相关领域的合作与交流，以实现非遗的广泛传播和发展。

▶ 第三节 非遗保护的动力及其方法

一、非遗保护的动力

（一）非遗保护的内因动力分析

非遗作为人类文化多样性的生动体现，其保护不仅是一项文化传承的任务，更是一项涉及社群认同、精神寄托、教育功能和传承创新等多方面内因动力的复杂工程。深入分析这些内因动力，对于构建有效的非遗保护策略至关重要。

1. 认同感和归属感

在非遗的广阔领域中，认同感①和归属感成为推动保护工作的重要内在动力。这两个关键词承载着深刻的文化情感和社群认同，为保护非遗提供强有力的动力源泉。

在非遗中，这种认同感体现为对历史、传统和风俗的共鸣，是对文化身份的强烈认同。社群成员通过参与和投入，不仅仅是学习和传承知识及技能，更是通过亲身经历和实践建立起对文化传统的深刻认知。这种认同感是非遗保护的精神支柱，驱使着社群成员投入保护工作。同时，认同感也反映在对文化价值观念、信仰和世界观的认同上。非遗不仅是一种技艺或传统的延续，更是一种对生活方式和价值观念的传递。通过非物质文化的传承，社群成员能够感受到自己与祖辈、与整个社群之间紧密的情感纽带，从而产生强烈的认同感。这种认同感不仅是对过去的回望，更是对未来的引导，为社群成员提供在世界中找到自己位置的重要线索。

归属感，是指社群成员对非遗的深刻归属和自我定位。这种感觉体现为个体在社群中的身份认同和对共同文化传统的责任感。通过参与非遗保护，社群成员不仅是过去与现在的连接者，更是未来的传承者。这种责任感和使命感使得每一个社群成员都感受到自己是文化传统的一部分，是其延续的一环，进而激发对非遗的强烈归属感。

在保护的过程中，社群成员通过实际行动参与其中，不仅是为了维护传统，更是为了在传统中找到自己的位置。这种参与式的归属感不仅是对文化传统的一种拥有，更是对未来的一种投资。社群成员通过积极参与，不仅守护自己的文化传统，更为下一代创造一个更为丰富和有意义的文化环境。这种过程使得每个社群成员都深感自己与非遗之间的紧密联系，从而进一步强化对这一传统的深刻归属感。

认同感和归属感相辅相成，共同构建起非遗保护的内在动力系统。认同感通过对文化元素的理解和情感认同，推动社群成员参与到保护工作中，为文化传统

---

① 认同感，是指对特定文化元素的深厚理解和情感认同。

注入新的生命力。而归属感则使得每个社群成员在传承过程中不仅是参与者，更是积极的创造者，为文化传统赋予新的内涵和意义。

在这个过程中，非遗不再是被动的被保存，而是在社群成员的共同努力下焕发出勃勃生机。这种内在动力系统不仅在当下推动着非遗的传承，更为未来创造一个强大而有韧性的文化基础。通过认同感和归属感，社群成员将非遗看作是自己身份认同和文化根基的一部分，从而在传承过程中激发出更为深刻的情感连接和责任担当。

2. 精神寄托

在当今快节奏、高压力的社会环境中，人们对于精神寄托和精神滋养的需求愈发强烈。非遗作为一种独特的文化现象和精神载体，为现代人提供一种重要的精神寄托。这种寄托不仅体现在对美的追求上，更在于对和谐、安宁心灵生活的向往。

（1）非遗的精神内涵与价值。非遗涵盖音乐、舞蹈、戏剧、手工艺、民俗等多个领域，这些遗产形式各异，但共同承载着深厚的精神文化内涵。它们是人类智慧的结晶，体现民族精神和文化传统。例如传统音乐和舞蹈往往蕴含着对自然、宇宙和社会的认知和感悟，通过艺术形式表达出人们对和谐、美好的追求。手工艺和民俗活动则更多地体现人们对日常生活、人际关系和社会秩序的理解和尊重。

（2）精神寄托：非遗的核心功能。作为一种精神寄托，非遗为现代人提供一种情感的归宿和精神的支持。在忙碌的生活中，人们可以通过欣赏传统音乐、观看戏剧演出或参与民俗活动，暂时摆脱现实的束缚，沉浸在美的享受和精神的自由之中。这种体验不仅可以带来心灵的愉悦和放松，还有助于培养气质、陶冶情操，提升个人的精神境界。

（3）社群凝聚与向心力：非遗的群体效应。除了个体层面的精神寄托外，非遗还在社群层面发挥着重要作用。通过共同参与和传承非遗，人们建立起紧密的社群关系，增强内部凝聚力和向心力。这种群体效应不仅有助于维护社会稳定和文化传承，也有利于构建和谐社会，促进人的全面发展。

综上所述，精神寄托是非遗的重要价值所在，也是其保护工作的重要内因动力。面对现代社会的挑战和变革，更加重视非遗保护工作，充分发掘其精神文化内涵，为现代人提供更多优质的精神食粮和文化滋养。同时，通过加强教育和宣传，提高公众对非遗的认知和保护意识，共同守护好这些珍贵的文化遗产。

3. 理解与教育

理解与教育，强调物质文化遗产的活态、独特性，凸显其在历史、价值观念和生活智慧传递方面的重要性。通过口传心授、身教言传的方式，非遗成为一种深刻而有力的教育工具，对后代的民族自豪感和文化自信起到积极的培养作用。

（1）非遗以其活态的特性，以不同寻常的方式承载着历史知识。这种承载并非仅仅是冷冰冰的事实陈述，而是通过生动的口述传统、亲身的体验，将历史融入个体和社群的生活中。这种活动性的历史传递方式激发后代对自身文化根源的兴趣，培养他们对历史的深刻理解。

（2）非遗在传递价值观念方面发挥着重要作用。通过言传身教的方式，社群成员能够将道德规范、伦理价值等深刻的文化内涵传递给后代。这不仅有助于塑造后代的道德观念，更为他们提供在日常生活中做出明智决策的指导原则。这种价值观念的传递不仅是一脉相承的文化传统，更是一种为社群成员提供精神支持和道义引导的机制。

（3）非遗通过教育智慧的方式传递实用的生活技能。口传心授、身教言传的方式不仅仅是简单的技艺传承，更是一种在实际生活中的智慧分享。社群成员通过亲身体验和实践，将生活中的智慧传递给后代，帮助他们更好地应对生活的各种挑战。这种实用性的教育方式使得非遗在社群中具有很大的生活应用价值。

（4）非遗的教育功能，不仅仅在于传递知识和技能，更在于培养后代的民族自豪感和文化自信。通过深入的文化教育，后代能够更好地理解自己所属的文化传统，从而建立起对自身民族身份的自豪感。这种自豪感不仅仅是对过去文化的回顾，更是对当前和未来文化的一种自信，推动后代更加积极地参与到文化传承和创新的过程中。

（5）非遗的教育功能，有助于促进不同文化之间的交流与理解。通过将自身文化传统分享给其他文化，社群成员能够开阔自己的视野，增进对多元文化的理解。这种跨文化的教育交流不仅有助于打破文化壁垒，更有助于建立起文化多样性的共同体。非遗通过其教育功能，成为促进文化交流、增进文化理解的桥梁，有力推动跨文化对话的进程。

总之，理解与教育功能作为非遗保护的内在动力之一，不仅强调其在传递历史知识、价值观念和生活智慧方面的重要性，更凸显其在培养后代的民族自豪感和文化自信、促进文化交流与理解方面的深远影响。这一内在动力机制为非遗保护提供学术上的深刻理解，也为制定相应的政策和措施提供有力的理论支持。

4. 传承与创新

非遗，作为人类文明的宝贵财富，承载着丰富的历史、文化与民族特色。其保护工作不仅是对过去的尊重，更是对未来的期许。在这个过程中，"传承"与"创新"成为两个不可忽视的关键词。

（1）传承：坚守文化根脉。传承是非遗保护的首要任务。准确理解和把握传统文化的精髓，通过口传心授、实践操作等方式将这些宝贵的技艺和文化内涵传递给下一代。这种传承不仅是技艺的传递，更是一种精神的延续，是对民族文化的尊重和热爱。

（2）创新：适应现代社会需求。随着时代的变迁和文化的交融，非遗必须进行适当的创新才能保持其活力和生命力。这种创新不是对传统的颠覆，而是在传承的基础上进行的改进和发展。在保持传统文化特色的同时，融入现代元素和审美观念，创造出既具有民族特色又符合现代审美的新作品。

（3）传承与创新：相辅相成，共同推动文化发展。传承与创新，在非遗保护中相互依存、相互促进。传承为创新提供深厚的文化底蕴和历史依据，而创新则为传承注入新的活力和动力。只有将二者有机结合，才能实现非遗的活态传承和可持续发展。

综上所述，"传承"与"创新"是非遗保护的两个核心要素。它们既是保护工作的内在要求，也是推动文化产业发展和创新的重要动力。面对现代社会的挑战和变革，更加重视这两个方面的工作，既要坚守文化根脉，又要勇于创新实践，共同推动非遗保护事业的蓬勃发展。

（二）非遗保护的外因动力分析

第一，国家需求：政策引领与战略部署。在非遗保护工作中，国家需求起着至关重要的引领作用。随着对文化遗产价值的认识加深，各国政府纷纷出台相关政策和法规，将非遗保护纳入国家发展战略。这些政策不仅提供法律保障，还为保护工作提供资金、技术和人才支持。例如设立专门机构负责遗产登记、监管和修复工作，制订长期规划和年度计划，确保保护工作的系统性和连续性。

第二，社会需求：公众参与与文化自觉。随着社会的进步和文化的普及，公众对非遗的认识逐渐加深，保护意识显著增强。媒体和社交网络的广泛传播使得更多人了解到遗产的价值和紧迫性，形成全民参与保护的良好氛围。各类非政府组织、志愿者团体和社区组织积极参与到遗产的保护中，推动保护工作深入开展。

第三，经济需求：产业融合与可持续发展。经济需求的驱动是非遗保护的重要外因之一。随着文化旅游业的蓬勃发展，许多地区将非遗作为重要的旅游资源进行开发，实现文化与经济的共赢。同时，传统手工艺、表演艺术等也被赋予新的经济价值，通过市场化运作实现可持续发展。这种产业融合不仅促进当地经济的发展，也增强人们对传统文化的认同感和自豪感。

第四，国际需求：全球共识与跨国合作。在全球化的背景下，非遗保护已成为国际社会的共同关切。联合国教科文组织等国际组织积极推动成员国间的交流与合作，共同制定国际准则和标准，为全球范围内的非遗保护工作提供指导和支持。跨国界的遗产项目如丝绸之路、茶马古道等也促进不同文化间的对话与交流，推动人类文明的共同繁荣。

二、非遗保护的方法

（一）理念化保护方法

非遗的理念化保护是指将非遗的价值观、知识、技能、经验等转化为意识形态，并通过教育、传媒、社会实践等途径进行持续传承与保护。通过将非遗的精髓抽象为理论和价值观，可以将其与当代人的生活联系起来，使其在新的语境中焕发出活力。非遗的理念化是一种宝贵的文化传承手段，它能够保护、传承、活化以及促进文化多样性。通过将无形的文化元素转化为有形的理论和价值观，人们能够更好地将这些遗产融入现代社会中，为文化的传承与发展注入新的动力。因此，非遗的理念化保护方法旨在确保其在现代社会中被完整、准确传承。以下是其主要内容。

第一，价值观传承与保护。价值观是文化核心，非遗传承与保护须注重其蕴含的伦理、道德观念及核心价值。这有助于文化认同、社会稳定和谐、文化多样性保护及个体价值观认同。非遗活化是传承重要方式，能融入现代生活，为文化更新发展提供动力。

第二，知识传承与保护。非遗包含丰富知识体系，传承与保护对维护文化多样性和完整性至关重要。须注重传承方式与途径、传承人与传承群体培养，同时加强法律保护、社会参与与公众意识、科技手段与数字化保护。

第三，技能传承与保护。非遗中的技能是民族文化的重要组成部分，传承与保护需注重传统技能的传承与创新发展，培养新一代传承人，加强技能培训和教育，推广非遗技艺的应用与发展。

（二）活态化保护方法

活态传承是指这些非遗通过不断传承与发展，保持在当代社会中的生命力和活力。活态传承首要的是要实现社区参与。传承非遗必须依靠生活于这个文化环境中的人们，因此应积极鼓励当地社区居民参与到传承过程中来，让他们成为文化传承的主体。同时，还要重视传承人的培养工作，传承人是非遗活态传承的核心，必须注重对传承人的专业培训，传授技艺和知识，让他们能够真正承担起文化传承的责任。

活态传承的目标，是使非遗与现代生活相结合，与时俱进。实现这一目标，需要探索传统与现代的融合点。可以通过各种形式的文化活动、展览、演出等方式，将非遗呈现给更广泛的观众，让更多人了解、认识和喜爱这一文化遗产。

活态化保护方法——非遗的档案化保护，非遗档案化保护是系统性方法，详细记录、整理和保存非遗各方面，便于未来研究和传承。档案是构建非遗记忆的关键媒介，源于民族实践活动，体现民族精神文化，具有原始性和真实性。保护中须保持非遗特点，如活态流变性、民族地域性和综合性，以确保非遗记忆真实、鲜活和完整。同时，应认识非遗档案资源在社会、国家和民族历史记忆中的独特价值，开展非遗记忆相关工程，发掘和弘扬人文精神、情感价值。

在档案记忆观指导下，对非遗进行档案化保护，兼顾历史传承和社会发展。非遗档案化保护以档案记忆观为引导，深入理解集体记忆、社会记忆及其构建过程。非遗档案来源多元化，记忆构建主体多样，包括政府、民间和传承人。政府发挥主导作用，制定法规、标准和激励机制，引导各层面主体构建非遗记忆资源体系。民间层面包括高校、科研单位等社会力量，为非遗记忆注入活力和民间色彩。传承人是非遗保护的重要载体，应受关注和尊重，为其提供必要支持。

非遗精神文化内核通过物质载体记录和传承，物质载体为非遗记忆构建客体。传统客体以模拟态数据为主，如甲骨金石等，记录形式单一，内容有限，应加强保护和开发利用。现代客体以数字态数据为主，如磁盘、光盘等，信息密度高，表现形式丰富。现代科技为非遗传承和保护提供新可能，如虚拟现实、增强现实等技术呈现非遗，提升认知和理解。互联网普及扩大非遗记忆传播范围，促进文化交流和理解。非遗记忆构建客体承载历史底蕴和时代创新精神，应珍惜并推动传承发展。

（三）区域化保护方法

非遗的区域化保护的含义是指针对特定地区内集中、特色鲜明、形式和内容完整的非遗项目，进行整体性的保护。这种保护方式不仅关注非遗本身，还关注与其紧密相连的物理环境、历史环境以及地方性知识等文化生态体系。它旨在通过保护非遗，维护地方文化的独特性和多样性，促进地方文化的繁荣和发展，进而推动区域经济的可持续发展。

非遗的区域化保护是对全球文化多样性保护的重要贡献，也是我国近年来文化生态保护区建设的探索与实践的成果。通过区域性整体保护，可以更加有效地保护非遗，同时也能够增强地方文化软实力，促进地方经济社会的可持续发展。这种保护方式的具体实践包括制订专项保护规划、设立民族传统文化生态保护区等，以确保非遗得到全面、系统、科学地保护。

1. 村落化保护

村落是人类社会的基本单位之一，是民族文化和地方特色的重要载体。在漫长的历史长河中，村落不仅是人们生产生活的场所，更是非遗传承的重要阵地。村落中的建筑风格、生活习俗、民间艺术、节庆活动等，都是非遗的重要组成部分。村落的存在，为这些文化遗产提供生存和发展的土壤。

（1）村落对非遗的保护作用。

第一，传承与延续。村落作为非遗的载体，为传统文化的传承提供稳定的环境。在村落中，老一辈人通过口传心授、示范教学等方式，将传统文化传授给年轻一代，使非遗得以延续。

第二，保护与维系。村落的社区结构和人际关系网络，为非遗保护提供有力的支持。村落居民对传统文化的认同感和归属感，使他们自觉参与到非遗保护工作中，共同维护着村落文化的完整性和独特性。

第三，活化与创新。村落为非遗的活化与创新提供广阔的空间。在村落中，传统文化与现代元素相互融合，形成独具特色的地方文化。这种活化与创新，不仅丰富非遗的内涵，也为其传承与发展注入新的活力。

（2）村落对非遗的推广与传播作用。

村落作为非遗的展示窗口，吸引着众多游客和学者前来参观和研究。通过游客的参观和体验，非遗得以广泛传播，增强公众对传统文化的认识和了解。同时，村落也成为非遗对外交流的重要平台，促进不同文化之间的交流与融合。

（3）村落在非遗保护中的对策。

第一，提升村落文化内涵。加强村落文化建设，首先要挖掘和传承村落独特的非遗，这包括传统民俗、民间艺术、手工技艺等，这些都是村落文化的重要组成部分。通过搜集、整理、传承这些非遗，人们可以提升村落的文化内涵，使之更具特色和吸引力。

第二，提高居民文化自信。村民是村落文化的主人，他们的文化自信是村落文化传承和发展的关键。提高居民的文化自信，首先要加强对村民的文化教育，让他们了解和珍惜自己的文化遗产。其次鼓励村民参与非遗保护工作，让他们在实践中感受到文化的价值。

第三，推动文化产业发展。非遗具有较高的经济价值，推动文化产业的发展有助于保护村落文化。人们可以将非遗与旅游、手工艺、演艺等领域相结合，发展特色文化产业。这样既可以提高村民的收入水平，改善生活条件，也有利于激发村民保护非遗的积极性。

第四，加强村落文化设施建设。文化设施是村落文化发展的基础。加强村落文化设施建设，为村民提供良好的文化环境。这包括修建文化礼堂、图书馆、美术馆等，以及举办各类文化活动，让村民在日常生活中感受到文化的魅力。

第五，建立健全村落文化生态保护机制。保护好非遗，人们需要建立健全的文化生态保护机制。这包括制定相应的政策法规，明确村落文化的保护目标和任务；加强对村落文化传承人的培养和扶持，确保非遗后继有人；加强村落文化的宣传和推广，提高社会对非遗的认识和尊重。

第六，深化村落间的文化交流与合作。村落间的文化交流与合作有助于促进非遗保护。人们可以通过组织村落文化交流活动、开展非遗项目合作等方式，让各村落的优秀文化相互交融、共同发展。

2. 社区化保护

（1）社区参与。社区参与是非遗保护的关键环节。通过积极参与，社区成员能够深入了解和体验非遗的重要性，形成对其的认同感和责任心。

第一，开展广泛的教育活动，提高社区成员对非遗的认知水平。这包括举办讲座、展览和工作坊，使社区居民更好地理解非遗的历史、文化和意义。

第二，建立有效的社区组织结构至关重要。通过设立非遗保护委员会或小组，组织相关的研究和实践活动，形成社区内部的合作机制。这有助于激发社区成员的参与热情，促使他们更积极地参与到遗产保护的过程中。同时，社区组织还可以起到媒介的作用，促进居民之间的信息交流和合作。在社区参与的过程中，政府、学术机构和非营利组织的支持也是不可或缺的。这些组织可以提供专业的指导、培训和资源支持，帮助社区更好地规划和实施保护策略。通过建立社区与外部机构的紧密联系，形成合力，有助于提升非遗保护的整体效果。

（2）社区博物馆。社区博物馆作为非遗的载体和展示平台，发挥着至关重要的作用。在学术化的保护过程中，社区博物馆不仅是陈列展览的场所，更是一个集研究、传承和互动于一体的知识中心。

第一，社区博物馆的建设和管理要符合专业标准。这包括建立规范的馆藏管理系统、完善的陈列和展览设计以及科学的文物保护手段。通过引入专业人才和先进技术手段，提升社区博物馆的学术水平，确保其在非遗保护中发挥更为积极的作用。

第二，社区博物馆要注重社会教育和公共服务。通过举办讲座、研讨会和培训班，向社区居民普及非遗的相关知识，激发他们的文化兴趣。同时，社区博物馆可以成为社区居民了解、参与非物质文化传承的平台，通过互动性的展览和活动，增进社区成员对文化遗产的亲身体验。

第三，社区博物馆需要积极与学术机构和国际组织合作。通过合作研究项目、共同举办国际性的展览和交流活动，社区博物馆能够拓展其在学术领域的影响力，为非遗的国际传播和合作做出积极贡献。

（3）社区治理。社区治理是非遗保护的基础和保障。在学术化的背景下，建立健全的社区治理体系，能够更有效地调动社区资源，促进各方的协同合作。社区治理的核心在于平衡各方利益，确保保护工作的科学性和可持续性。

第一，建立社区遗产管理机构是社区治理的关键一环，该机构应具备一定的法人地位，由社区代表、专业人士和政府代表组成，实现多方共治。通过建立健全的管理制度和流程，社区遗产管理机构能够更好地协调各方资源，推动非遗的全面保护。

第二，社区治理需要注重法治建设，通过制定相关法规和政策，规范非遗保护和利用，确保各项工作在法治轨道上运行。与此同时，社区要加强法治宣传教育，提高社区居民的法治意识，使其能够更主动地参与到非遗保护中来。

第三，社区治理要注重信息共享和公众参与，通过建立信息平台，及时向社区居民传递非遗的最新信息，引导他们更积极地参与保护工作。同时，社区治理体系要倡导公众参与机制，鼓励社区居民通过各种方式表达意见和建议，形成多元共治的格局。

▶ 第四节　非遗传承的多样化路径探索

一、非遗的产业化传承

产业化传承的核心在于将非遗项目与现代产业体系相结合，通过市场机制激发非遗的创新活力，实现其经济价值与文化价值的双重提升。

第一，非遗的产业化传承需要深入挖掘非遗项目的文化内涵和市场潜力。非遗项目通常具有深厚的历史文化底蕴和独特的艺术风格，这些元素是产业化传承的宝贵资源。通过深入研究非遗项目的文化内涵，我们可以发现其中蕴含的创意元素和市场潜力，为非遗产品的设计、开发和推广提供有力支撑。例如传统手工艺品、民间表演艺术等非遗项目，可以通过现代设计理念和营销手段进行包装和推广，成为具有市场竞争力的文化产品。

第二，非遗的产业化传承需要建立多元化的市场主体。政府、企业、社会组织和传承人等各方应共同参与非遗的产业化传承，形成多元化的市场主体。政府应发挥引导作用，制定相关政策法规，提供资金扶持和税收优惠等支持措施；企业应发挥市场主体作用，通过投资、研发、生产和销售等环节，推动非遗项目的产业化进程；社会组织和传承人应积极参与非遗的传承与保护，传承技艺、培养人才、推广文化等。多元化的市场主体可以形成合力，共同推动非遗的产业化传承。

第三，在非遗的产业化传承过程中，品牌建设和市场推广至关重要。通过建立具有地方特色的非遗品牌，提升非遗项目的知名度和美誉度，可以增强公众对非遗的认同感和购买意愿。同时，通过市场推广活动，如展览、演出、比赛等，可以扩大非遗项目的市场份额和影响力。此外，还需要注重非遗项目的质量管理和知识产权保护，确保非遗产品的品质和市场竞争力。

二、非遗的数字化传承

（一）数字化传承的必要性

随着信息技术的快速发展，数字化传承已成为非遗传承的重要途径之一。数字化传承通过运用现代信息技术手段，将非遗项目的文字、图片、音频、视频等多媒体信息转化为数字资源，实现非遗的永久保存和广泛传播。

第一，非遗的数字化传承需要建立完善的数字资源体系。通过数字化采集、存储、处理等技术手段，将非遗项目的各类信息转化为数字资源，形成完整的数字资源体系。这些数字资源可以为非遗的研究、展示、传承和教育提供有力支撑。例如通过数字化技术将传统音乐、舞蹈等表演艺术进行录制和保存，可以让更多人了解和学习这些艺术形式。

第二，非遗的数字化传承需要注重数字资源的开发利用。通过数字化展示、虚拟体验、在线教育等方式，让公众能够更加直观地了解非遗项目的文化内涵和艺术价值。同时，还可以利用数字技术对非遗项目进行创新设计和产品开发，推动非遗与现代生活的融合。例如通过虚拟现实（VR）技术将传统手工艺品的制作过程进行模拟和还原，让公众可以在虚拟世界中亲身体验制作过程。

（二）大数据的应用

大数据是近年来兴起的新生事物，其生成和运用正在向社会生活各方面快速渗透，并给各行各业带来巨大变革。近年来，我国高度重视非遗数字化建设，出台一系列政策，各相关机构也在积极探索非遗数字化的应用方式。

1. 大数据推进非遗保护的价值与功能

大数据是在收集、存储、挖掘、管理、分析、加工、整合等方面，超出人工及传统软件工具能力范围的巨量而复杂的数据集合。大数据能使人们冲破依靠传统观念和日常直觉运行的思维系统束缚，将决策和行动建立在事实和数据的基础之上，从而提升对信息资源的功能整合力和运用创新力。鉴于无法恢复非遗原生环境的客观情势，利用大数据技术实现非遗信息的采集、保存、检索、再现、整合、传播和利用，可以较好地适应时代要求，实现古老与现代的有机对接与融合，从而为非遗传承和发展提供新的机遇、条件和手段。目前，我国非遗数字化保护主要集中在非遗资料的存储和展示，而视觉文件已成为非遗数字化保护体系最重要的信息载体。大数据所具有的数据体量大、类型多、处理速度快等特征，使其在推进非遗保护上具有多方面的价值和功能。

（1）改善非遗信息保存。大数据时代，以文本、图片、音频、视频、动画等为载体的半结构化数据和非结构化数据大量涌现，构成网络数据的主体，其中的非遗数据量也在日益增多，非遗信息保存更加原真、全面、便利。大数据技术兼容性强，既可收集宏观数据，又可采集微观数据，极大拓展资料采集的深度和广度。立体扫描、图文扫描、数字摄影、全息拍摄、运动捕捉等数字化技术，为非遗保存提供多种数据采集方式，而且所得非遗资料的清晰度、准确度和完整性、可靠性均有了质的飞跃。非遗数据库资源易于借助网络传播和共享，便于随时随地浏览、学习和欣赏，能够促进关注非遗的社会各方的交流与合作。磁介质存储、光介质存储、纳米存储、虚拟存储等数字化存储技术，为非遗数据库建设和信息资料保存提供新的手段和物质基础。大数据非遗存储不仅成本极低、便于检索、易于拷贝，而且数据保存的安全性和稳定性也很高。

（2）创新非遗传承方式。大数据技术的运用将逐渐改变非遗传统传承方式，使非遗传承更加人性化、多元化、开放化、智能化。利用大数据可以开创出虚拟化传承，形成现实传承与虚拟传承并存互动、共同发展的新局面。虚拟化传承即借助虚拟现实技术传承非遗，虚拟现实技术是多源信息融合的三维交互式技术，是利用计算机和传感器搭建出一个虚拟环境，借助头盔、手套等各种传感器实现人与计算机的视觉、听觉、动作交互。虚拟现实技术可以通过对非遗项目进行建模，模拟出非遗传承中所需要的一切工具、设备、角色和情境，利用动画技术将非遗活动和生产过程进行真实再现。结合动作捕捉高端交互设备及3D立体显示技术和互联网技术，可以将不同空间的非遗爱好者、学习者集结到虚拟平台中进行非遗的学习和训练，从而引发浓厚兴趣，激发探究欲望，拓宽非遗传承的范围和路径，降低教学、传承成本，改善和优化传承环境，为非遗学习和传承带来广阔的想象空间和丰富的创新灵感。

（3）增强非遗传播实效。大数据时代的非遗传播质量和实效提高。首先是渠道优化。大数据时代的传统媒体传播是无互动的单向传播，新媒体传播属于双向互动传播。非遗传播者根据对受众相关信息的大数据文本分析，可以选择最合适的非遗传播渠道和方式。而公众也可通过手机 APP 及相关网站服务，方便快捷地在经过渠道优化的媒体上找到自己需要和喜欢的非遗信息，并参与相关交流和评论，提升非遗传播效率和接受程度。其次是精准推送。利用大数据技术，具体掌握受众网络浏览、搜索行为及消费数据，再根据其在微信、微博、QQ 等社交媒体上的言论数据及关键字词，结合其个人信息等进行综合性数据分析，就能根据分析结果对受众进行非遗信息的精准推送，从而提高非遗传播推介的针对性和实效性。最后是即时互动。运用大数据技术实现非遗传播者与受众之间的即时互动，能较好地解决这一问题。例如视频网站提供的弹幕功能，将观众的各种感想、"吐槽"即时展现给所有观看者，视频发布者可据此即时了解观众的真实感受、想法和要求，根据实际情况对传播内容和方式及时做出适当调整，从而使非遗传播更好地融入受众、融入现实。

（4）促进非遗开发利用。大数据分析对收集到的全部数据进行分析，通过多维度、无结构、量化且分散的强力整合，从海量数据中判断出各类消费者的具体特征，能够促进非遗开发决策科学化和客户服务精准化，将非遗及其大数据所蕴含的巨大经济价值转化为文化产业的现实效益，为政府的非遗开发利用规划制订、政策供给及其调整优化提供科学依据和决策参考。同时，可以实现非遗产品客户服务精准化。大数据涵盖信息丰富，借助手机、掌上电脑等移动网络数据平台，可实时获取客户消费行为变化信息，较为精准地了解各类客户的非遗内容偏好、价值取向、产品需求及消费习惯和消费趋势。据此，可以增强非遗产品在传承基础上设计、创作和营销的针对性，形成个性化的服务内容及相关推荐，并适应客户需求对非遗产品和服务进行动态调整及优化，从而实现非遗产品对目标客户群的高效覆盖和精准服务。

（5）拓宽公众参与渠道。大数据时代，随着数据发布门槛的降低，公众参与渠道拓宽，与非遗相关的各种网络信息呈爆发式增长，新媒体的广泛运用也促进普通民众对非遗传承保护的关注和参与，扩大非遗数据的供给量。互联网的普及、自媒体的兴起和大数据的运用，使非遗资料和信息的生产、存储、传播、获取、分享、评论变得空前便捷、高效、低成本，各类群体都能以适宜的方式关注、参与、推动非遗保护和发展，并且可以依据大数据的分析结果对自己的非遗保护、利用行为进行客观评价和实时调整。这些线上与线下行为相互结合、良性互动，就能汇聚成为推进非遗传承和发展的巨大现实力量，促进非遗保护途径多元化格局的形成和优化。

（6）推进非遗科学研究。在大数据背景下，各类非遗数据得到持续大量积累，非遗数据收集、处理与分析能力大幅提升，能够在广度和深度上产生足以揭示非遗传承、发展规律和趋势的数据效应，显著拓展和深化人们对非遗的科学认识，推进非遗科学研究的创新和发展。

第一，创新非遗研究方法。大数据将给非遗这一多学科交叉研究领域带来研究方法的创新：在实证研究方面，网络将成为非遗研究的重要实验场所；在非遗调查数据收集上，传统问卷调查法将被真实性和可信度高得多的传感器收集法代替；非遗科研资料的获取方式，将由传统的人工收集和软件搜索，转向主要依靠大数据技术挖掘获取；在非遗研究基本范式上，将实现定性研究与定量研究有机融合。这些研究方法的创新，将引领非遗研究进入更高层次和境界。

第二，拓展非遗纵横双向研究。利用大数据技术，研究者可以很方便地进行纵横双向的资料信息查询、比较和整合，研究非遗的传播、交流、分布、变迁和融合。

第三，提高非遗研究效率。大数据技术具有巨大效率优势，不仅能快捷完成对非遗相关研究数据的收集和统计，还可实现对非遗资源及其保护的实时大数据分析。利用数据可视化工具，可以揭示数据中内含的复杂信息，并以图形方式直观地展示在非遗研究者面前，使他们能够比较容易地洞悉这些数据内部隐含的关系和规律。

2. 非遗传承中大数据技术的应用对策

为充分利用和实现大数据的非遗保护价值，有效应对和解决存在的主要问题与挑战，开辟出依托和融合大数据技术的非遗传承与发展新途径、新模式，提出以下相关对策建议。

（1）确立非遗保护大数据思维。从传统思维到大数据思维的转变，是大数据引发社会深刻变革的一个重要方面。只有确立大数据思维，才能充分认识、接纳和驾驭大数据，更好地挖掘和利用大数据的功能，实现和增强大数据的价值。

推进大数据时代的非遗传承与发展，实现思维转变，培育和确立非遗保护的大数据思维。通过对非遗大数据的整理与分析，能够比较全面清晰地了解非遗的发展历程与现状，掌握非遗项目的知名度与关注度及其动态变化。在此基础上，可运用大数据的相关性思维模式推断非遗未来发展的可能趋势，从而为非遗保护提供直接有效的信息支撑和决策参考。

运用大数据思维从事非遗保护，不仅要充分认识到大数据技术能够解决非遗保护和利用中的诸多问题，而且要善于运用大数据技术解决实际问题，不断提升非遗保护和利用的深度广度及有效性。为此，非遗保护工作者要对多元性和动态性的数据资源具有敏锐的信息感受力及价值判断力，以大数据为依据实施非遗保护的科学决策和有效管理，避免和消除信息缺失以及文化碎片化带来的障碍和弊端。

在积极主动接受和运用大数据的同时，也要防止因迷信大数据而转向大数据万能论。大数据技术是人脑功能的延伸和扩展，只有充分发挥人的能动性和主导作用，将人脑的思维分析与大数据的技术分析结合起来，实现优势互补，才能克服和弥补大数据思维的某些局限和不足，减少和避免盲目判断，以及避免结论上的疏漏和错误。

（2）制定非遗数据库建设标准。非遗数据库建设标准在整个非遗数字化保护体系中处于基础地位，是对非遗大数据进行有效分析和利用的重要前提。制定全国统一的非遗数据库建设标准，有利于引导非遗数据库建设从无序走向有序，加强非遗数据库建设的协调与合作，缩短非遗数据库建设周期，增强各类非遗数据库之间的互融互通性，提高非遗数据库的质量、共享性和利用率，以及促进大数据背景下非遗保护、管理和产业化开发的顺利开展和有效推进。目前，我国非遗数据库建设中存在的诸多问题，都与缺乏国家正式的非遗数据库建设标准密切相关。尽快制定和出台非遗数据库建设国家标准，统一规范全国各地的非遗数据库建设，是大数据背景下推进非遗传承与发展的一项重要措施和迫切任务。根据非遗大数据技术应用的实际需要及各类非遗信息资源属性，深入研究符合非遗复合型数据特点的相关资源建设技术标准及技术管理规程。

（3）打造非遗大数据平台。大数据平台既可融合所有相关数据，又能通过提高准入门槛与接入标准，筛选过滤掉大多数不良数据和劣质数据，从而提高整体数据质量。非遗大数据平台可以为社会公众提供数据检索、讨论、学习等服务，为企业提供产品设计、改进、营销等服务，为学者提供研究资料服务，为政府推进非遗保护提供决策参考。

充分吸引和调动政府、传承人、企业、学者、公众等各方资源，共同打造非遗大数据平台，有助于解决不同地区、部门、层级、机构的数据壁垒、数字鸿沟、信息孤岛及资源碎片化等问题，整合发挥各方资源优势，加快非遗数字化进程，丰富非遗数据库功能，促进非遗产业化开发，优化非遗大数据服务供给，实现内容多元、形式多样、动态更新且标准化、智能化的非遗数据资源的互动交流和共建共享，避免非遗数字化建设中的重复劳动和资源浪费，实现各类非遗数据价值的最大化。通过对具体非遗项目在大数据平台上人气指数及其变化情况的分析，还能动态把握该项目传承和发展的现状及趋势，以便及时采取有针对性的保护措施。

（4）保障传承人深度参与。切实解决传承人主体缺位问题，成为防控和化解非遗数字化过程中存在的表层化、功利化、庸俗化及过度虚拟化等弊端和风险的根本性措施。非遗数字化保护的整个过程，不能脱离传承人，要围绕传承人展开，保障传承人深度参与其中并扮演关键角色。

构建非遗数字化各参与主体的协商合作机制，明确责权利关系，规范各主体行为，切实保障传承人的主体性和话语权，始终维系传承人与非遗的共生关系。充分尊重传承人对非遗项目的自主传承权利，避免影响传承人正常的传承行为和生产生活。通过传承人与其他参与方的深度交流，使合作各方都能够理解传承人的生活世界及与非遗项目相关的地方性知识，从而为在数字化过程中保持和体现非遗本真性奠定共识、形成准则。

非遗数字化必须遵循客观记录原则，尊重非遗原貌，彰显项目精髓，全面、立体地保存非遗项目信息，将虚拟现实建立在对客观现实真实、全面记录的基础之上。为赋予冰冷的数据以人性的光辉和文化的温度，让非遗的灵魂与形体在数字化过程中一起得到保存、传承和传播，不仅要对非遗项目的活动过程、制作工艺、表现形态及具体内容进行全方位如实记录，而且要将非遗项目的各种相关背景，尤其是传承人对该项目相关信息的具体介绍、理解、分析、评论完整保存下来，并在项目传播推介时将这些资料一并提供给用户或公众。

（5）推进非遗产品合理创新。推进大数据背景下的非遗产业发展，就必须合理创新非遗产品。只有在线下不断创新非遗产品形态，提升非遗产品质量，才能让非遗产品在线上更好地吸引客户，聚集"粉丝"，从而形成和维持非遗产业线下发展与线上发展的良性互动、相辅相成。

大数据背景下的非遗产品创新，通过现代科技和创意手段的运用，研发出既体现非遗传统精华和固有特色，又适应当代民众生活方式和价值取向的文化产品，实现非遗产品民族性与现代性的融通、艺术性与实用性的统一。通过设计创新增加非遗产品的时代气息和科技含量，使其更好地贴近现实、贴近生活、贴近民众，实现非遗产品从传统单一形态向现代多元形态的转型升级。

深入探讨和提炼非遗核心技艺、文化符号及精神内涵，并根据当代人的文化消费心理以及市场需求将其运用和体现于创意设计、研发和转化之中，从而实现非遗产品的内容创新、工艺创新、功能创新和载体创新。利用非遗产业渗透性强的特点，将非遗元素应用到影视创作、艺术设计、产品包装、旅游开发等诸多领域和方面，开发出表现形式多样、审美风格独特的非遗衍生产品，提升产品附加值，延伸相关产业链，赋予产品鲜明的地方特色和较强的品牌价值。

（6）加强非遗大数据人才培养。大数据的价值实现程度，主要取决于人的分析利用能力。必须着力构建非遗大数据人才培养长效机制和体系，缓解当前非遗大数据人才匮乏的困境，将非遗大数据人才培养作为一项重要任务纳入非遗保护规划及文化产业发展规划。依托高校和科研机构的学科、技术和师资优势，组成多领域合作的非遗大数据教学科研团队，开展相关研究，开设相关课程，从事非遗大数据应用型人才的常规性教育和培训。

构建智能化的在线教育模式，可在非遗大数据平台上开辟教育专区，开发MOOC等形式的线上课程，突破时空限制，让学生通过非遗数据库了解非遗相关知识，通过平台在线教学掌握大数据运用技能，随时随地进行网上学习、交流和实践操作，从而实现优质教育资源的共建共享。该专区还可以收集以往学生在网络上留下的社交行为、课程选择、互动交流等信息，并对这些数据加以整合分析，再根据每个学生的学习基础、习惯、进度定制个性化学习方案，从而优化学习体系，提高学习效率。政府要为非遗大数据人才的培养、集聚和使用创造良好环境，积极出台相关政策措施扶持引导，以逐步建立懂非遗、通管理、精技术的非遗大数据人才队伍。

三、非遗的可视化传承

（一）可视化传承的必要性

可视化传承是非遗传承的一种创新方式，它通过视觉化的手段将非遗项目的文化内涵和艺术价值直观地展现出来。这种传承方式有助于提升公众对非遗项目的认知度和兴趣度，促进非遗文化的传承与发展。

第一，非遗的可视化传承需要借助现代科技手段进行创作。例如通过动画、漫画等视觉艺术形式对非遗项目进行创作和呈现，使其更加生动有趣。同时，还可以利用虚拟现实（VR）、增强现实（AR）等技术手段将非遗项目的制作过程、表演场景等进行模拟和还原，让公众能够身临其境地感受非遗的魅力。

第二，非遗的可视化传承需要注重与公众的互动和交流。通过举办展览、演出、讲座等活动，让公众能够亲身参与非遗的传承与体验。同时，还可以利用社交媒体等网络平台进行互动和交流，让更多人了解非遗、关注非遗、传承非遗。例如在社交媒体上开设非遗专题账号或话题标签，鼓励公众分享自己的非遗体验和感受。

在非遗的可视化传承过程中，创意设计和表现力是关键因素。通过独特的创意设计和丰富的表现力可以吸引更多人的关注和喜爱。同时，还需要注重非遗项目的文化内涵和艺术价值的呈现方式，确保可视化作品能够准确地传达非遗项目的核心价值和精神内涵。

（二）短视频的应用

1. 基于短视频的传承意义

短视频精美的拍摄艺术可以反哺非遗传统文化，提高文化传承使命感。高质量的短视频在收获点击量和关注度的同时也能获取一定的流量补贴，平台机制与粉丝经济为非遗传播者提供全新的路径，对传统非遗文化人的经济扶持起到重要作用。短视频平台为了充分激活 UGC 的创造价值，为坚持持续输出高质量内容的用户给予更多扶持，促进其在垂直领域中不断优化输出内容，从而成长为流量明星，获取持续的赢利机会。非遗传承人能够通过广告、直播、流量分成、产品宣传及演出营销等各种商品变现方法获取相应的经营收入，从而获取更多的利润回报。

借助平台的扶持，非遗手艺人不但获得可观的收入，也给当地就业创造机会。随着人们对非遗文化和产品消费需求的不断升温，非遗作为传播文化的物质载体，不仅成为非遗手艺者赖以生存的一技之长，更实现消费产品与精神需要的双重意义。

短视频运用视觉化符号结合音乐全面展示非遗原貌，远比单纯利用文字传播更受欢迎。在过去，中国坊间的非遗手艺人技术鲜为人知，短视频平台的出现为这些专注于手艺的非遗人提供延续性发展的新思路，从而转变为非遗"活态化"传承的引领者。拓宽非遗的影响力，使非遗文化短视频在融媒时代突围，成为非遗短视频创作者崇高的责任与使命。

2. 短视频可视化的传承路径

（1）善用互联网思维，拓展非遗短视频影响渠道。5G（第五代移动通信技术）时代的到来加速信息传播可视化的进程，同时疫情促进全社会数字化，线上与线下进一步融合。新媒体技术的发展为非遗提供更多的传播展示方式，数字化的传播途径更加容易使受众接受。以抖音 App 为例，平台使用个性化推荐作为核心机制，通过大数据计算，能够精确了解受众对非遗类文化短视频的关注度，实现智能推送，实现无须关注就能个性化推送阅读内容，既节约时间成本，又增强受众对短视频平台的使用黏性，实现传播者与受传者间传达和反馈的信息交互。

非遗短视频的创作不仅在传承传统艺术的基础上加以革新，而且在内涵、形式及技术方面均充分考虑受众的文化需求。除展示常见的经典非遗创作视频及手艺人幕后练习外，还可添加独特的剧情内容，如创作花絮、直播集锦和大咖访谈等，让非遗短视频拥有更多的展示维度，在更大程度上贴合受众的兴趣。在非遗创新性传播的实践中，将非遗同可视化的短视频相结合可扩大其影响途径，以实现全方位、多角度的立体化宣传效果。

（2）打造非遗短视频 IP，在传统与创新中找到平衡点。知识产权（InteUectual Property，IP），在当下的新媒体语境中，多意指某种富有吸引力、同时具备专利性的"品牌"或"潜在资产"。非遗文化在当今社会同样需要打造自身的文化 IP，在固有的文化内核上再生嫁接，借助短视频媒介挖掘和培植独特的文化 IP，塑造出新面孔重新展示给当代人，最大限度获得影响力与经济收益。

对非遗自身来说，作为一种"超级 IP"库，它有着极其丰富的文化底蕴，传播者可以将传统与现代相融合，寻找大众认同感较高、富有时代性特点的文化符号来提炼基本的文化视觉元素，根据现代审美观进行重新设计，打造"非遗+IP"的新形态，颠覆传统非遗传播的固有思路，并在与媒介环境的互动中进入社会大众的视野，以此进行文化传播。非遗 IP 目前已逐渐在抖音、小红书等短视频平台有了一席之地，吸引着大众眼球。以中国传统非遗——刺绣为例，可围绕 IP 市场进行内容、话题性产品的大量生产，打造刺绣作品展示、刺绣手艺教学和绣品共享的完整 IP 链路，培育出有较强黏性的用户群体，突破中华传统文化传播手段的限制，让受众耳目一新。

刺绣文化的活动参与性较强，且宣传效果突出，为开拓国内非遗刺绣 IP 市场夯实基础。"IP 化表达"为中国非遗传统文化市场提供全新的发展理念，不但对增强中华民族文化自信起着积极作用，同时也对传统文化产业的发展有着助推作用，使中国的非遗传承在全新的媒介环境中重获新生。传统和现代的碰撞并不一定水火不容，也可能是水乳交融。

3. 非遗短视频海外传播，提高中华文化国际影响力

由于新媒体形态传播渠道的不断创新，社会大众之间沟通深入，在世界范围内短视频的跨语言文化传播也日益广泛。通过互联网平台，中国非遗文化突破时

间与区域上的限制，面向全球短视频受众进行宣传。

和传统的语言文字传播相比，短视频直观的图像化表达更加生动形象地传递符号信息，最大限度降低传统话语壁垒与跨语言文化传递中产生的认知障碍，更有利于全球用户了解中华传统文化。

四、非遗的虚拟化传承

在社交网络飞速发展的环境下，正在营造全新的沉浸式交互媒介模式，并在全球掀起新一轮非遗传承虚拟化变革，重塑"人—藏品—空间"的要素关系。虚拟化传承是借助虚拟技术实现的非遗传承方式，它通过构建虚拟空间和环境，让公众在虚拟世界中体验和学习非遗项目。这种传承方式打破时间和空间的限制，为非遗的传承与发展提供新的可能性。

（一）虚拟化传承的必要性

第一，非遗的虚拟化传承需要构建完善的虚拟环境。通过虚拟技术构建逼真的虚拟场景和角色形象，让公众能够在虚拟世界中真实感受到非遗项目的魅力。这些虚拟环境不仅可以还原传统的制作场景、表演舞台，还可以根据非遗项目的特点进行创新设计，为公众带来全新体验。

第二，非遗的虚拟化传承需要注重与实体传承的结合。虽然虚拟化传承具有很多优势，但也不能完全取代实体传承。因此，在推广虚拟化传承的同时，还需要注重与实体传承的结合和互补。例如，可以在实体博物馆、艺术馆等场所设置虚拟体验区，让公众在参观过程中体验虚拟化的非遗项目；同时，也可以在虚拟世界中举办实体活动，如非遗技艺大赛、表演演出等，吸引更多人参与非遗的传承与体验。

第三，在非遗的虚拟化传承过程中，技术创新和人才培养是关键。随着科技不断发展，新的虚拟技术不断涌现，为非遗的虚拟化传承提供更多可能性。因此，需要加强技术创新工作，不断引进和应用新的虚拟技术，提升非遗的虚拟化传承效果。同时，还需要加强人才培养工作，培养具备虚拟技术能力和非遗传承知识的专业人才，为非遗的虚拟化传承提供有力保障。

第四，非遗的虚拟化传承还需要注重社会参与和互动。通过社交媒体、在线论坛等网络平台，鼓励公众分享自己的虚拟化传承体验和感受，形成互动交流的社区氛围。同时，还可以开展虚拟化的非遗教育项目，让更多人了解和学习非遗知识，提升公众对非遗的认知度和兴趣度。

（二）虚拟技术的应用

1. AR 技术的应用

AR 技术是利用计算机生成一种逼真的视、听、力、触和动等感觉的虚拟环境，通过各种传感设备使用户"沉浸"到该环境中，实现用户和环境直接进行自然交互。这是一种全新的人机交互技术，利用这种技术，可以模拟真实的现场景观，它是以交互性和构想为基本特征的计算机高级人机界面。如，2019 年湖北省博物馆推出"虚拟曾侯乙编钟"体验，此外还有"丝绸之路上的敦煌数字敦煌展"，广东海上丝绸之路博物馆中的 AR 互动航海墙、"南海 1 号"等众多实践，都增强博物馆与观众的互动，拉近大众与非遗文化的距离。

随着 5G 时代的到来以及国家对于 AR 技术的大力支持，AR 技术将迎来长足发展。AR 技术的不断普及运用，实现我国非遗传承领域的整体创新，促进非遗文化走进大众生活，并从以下四方面开展全面推进非遗文化的传承。

（1）产品方面。AR 技术凭借特有的视听盛宴能够打造出一个真实感体验逼真的虚拟世界，将观众引入非遗文化的世界中，进而促进非遗的传承。另外，基于 AR 等新兴技术创造的内容在形式上可以实现多样化，让大众能在从多个方面深度接触非遗项目，同时也能满足不同群体的需求。AR 技术的互动性可以提高大众的参与度，便于人们走进非遗、体验非遗文化。国内已有非遗项目采用 AR 技术进行传播，并获得良好的社会反馈。2019 年"文化和自然遗产日"四川省非遗宣传展示主场活动之一的《巴蜀工坊——传统工艺与现代设计创新成果展》，就运用裸眼 AR 技术。非遗和科技的有效结合，进一步加强大众对于非遗知识的理解认识，有利于推动优秀的非遗文化创新，融入当代生活。

（2）产业方面。手机的流行还带动着各类应用软件的研发与应用，各类非遗类 App 层出不穷，随着移动互联技术的不断发展，"非遗文化+App"模式已经成为一种新趋势。将艺术化的非遗文化传承融入手机 App，均能让非遗文化更加广泛地在移动互联网上发挥作用，让更多的人接触非遗、关注非遗，对于非遗传承工作具有积极意义。

为了传承和延续非遗所具有的生命力，必须加大对非遗文化的推广力度。具有大容量存储信息、信息发布方便、信息展现方式多样化等优点的手机 App 客户端，正好能够综合性地解决当前所遭遇的诸多方面的难题。

（3）消费方面。元宇宙所诞生的数字虚拟世界，其发展让场景消费、体验消费成为重要的消费方式，虚实结合的沉浸式业态也为非遗文化传播发展带来更多的应用场景。在庙底沟仰韶文化博物馆数字馆《邂逅庙底沟人》展厅中，通过运用多媒体技术打造多维感官体验，将仿真实景与裸眼 3D 数字投影结合，在有限的空间内营造出无限历史场景，利用全沉浸数字展演手段将考古文物文化创意与数字科技创新融合，带领参观者穿越回六千多年前，身临其境地邂逅远古社会生活。展览首次开启"庙底沟"数字文博元宇宙，将严谨的考古研究成果准确活化，对传统历史文化进行时尚艺术表达，为参观者与史前环境、动植物及人物进行实时互动搭建"超时空位面"。

（4）传播方面。目前，我国的非遗文化技艺在传播过程中已经开始利用 AR 技术进行赋能。通过虚拟现实技术将传统工艺展示给受众，同时也为非遗传承人提供一个学习技艺的机会。这种以互联网思维为基础的传播方式。包括三个方面：一是借助 VR 数字媒体，二是结合线上直播，三是线下展览。另一种是在 AR 智能眼镜和其他移动工具辅助下，进行互动性体验。以微博、微信等为代表的社交网络平台中流传的大量 H5 互动小游戏，通过社群效应和用户自身所处社交互联网平台的影响，大幅提升手工艺以云为主流的信息传播范围，甚至掀起新的热议。

2. 元宇宙的融合应用

随着元宇宙概念的出现，将继续扩展人类感知世界的方式，同时也为非遗的数字化传承提供技术支持。Web3.0 身为元宇宙技术的核心，能够实现数据的分布式记录与存储，它具有显著的特征。如去中心化、开放、自治、匿名、可编程和可追溯、记录时间先后、信息不可篡改、数据的永久储存。单纯的数字化技术背后存在隐患，为非法复制与传播泛滥提供环境，而 Web3.0 的运用为数字版权保护提供有效手段。如《浦城剪纸·百年荣光》作品的数字影像正是"Web3.0+非遗"技术成功运用的体现。其数字影像藏品，依托区块链技术制作成年轻人喜爱的数字艺术品。"Web3.0+非遗"技术的出现，给非遗艺术的传播增加渠道与载体，也实现非遗艺术的大众化与平民化。

数字文化已经成为常见的艺术形态，越来越多的文化采用数字化方式进行创作和传播，在已经步入 5G 和人工智能的时代，这已经成为一种不可逆转的趋势。在这个万物互联的时代，元宇宙概念下的数字化技术和非遗相结合也是不可逆转的趋势。

元宇宙是利用各种科学技术手段进行整合、链接与创造的，形成的是可交互的虚拟世界，是一个新型的虚拟社会生活空间且具有普通空间的基本特征。借助元宇宙虚拟场景的应用，一大批新兴非遗品牌迅速崛起，不少非遗传承人也开始转型为线上业务推广。元宇宙缩短非遗作品和群众之间的距离，贴近日常生活。借助虚拟场景的运用，能全面展现非遗文化与技艺，有效促进非遗作品营销，使非遗品牌符合当下多样化、个性化、定制化的市场发展趋势与潮流。通过虚拟空间，拉近非遗产品与消费者之间的距离，也让非遗产品的自我迭代加快，更及时了解受众喜好与需求。

元宇宙作为全新的互联网形态已经成为全球共识，其沉浸体验、感官延伸、虚实融合等特点将极大延展非遗场景的时空体验，加速非遗文化资源的普及与推广，在技术演进、资本推动的多重作用下，给非遗文化发展带来全新可能。在年轻消费者群体日益扩大和消费者审美渐趋多元化的今天，具有文化底蕴与本土特色、民族文化内涵的创意会给国内受众文化认同感和归属感。因此，打造一个创新发展的平台具有重大意义，元宇宙概念结合数字强国战略进行落实，将展现非遗文化在丰富人民群众精神生活和未来经济发展方面的价值。

第五章　非遗保护传承与群众文化工作相结合的研究

▶ 第一节　群众文化和非遗之间的关系思辨

一、群众文化对非遗保护传承的影响

第一，群众文化是非遗的重要载体。非遗的保护传承和发展离不开群众文化的土壤。例如中国的传统节日如春节、端午节、中秋节等，都是群众文化的体现，而这些节日的庆祝活动又包含丰富的非遗元素，如舞狮、舞龙、赛龙舟、赏月等。这些活动不仅传承非遗，也为非遗的传播和发展提供平台。

第二，群众文化是非遗的创造者。非遗的产生和发展，离不开人民群众的创造和传承。例如中国的传统戏曲，如京剧、越剧、黄梅戏等，都是人民群众在长期的生活实践中创造出来的，它们反映人民群众的生活经验、情感世界和审美追求。这些戏曲不仅在人民群众中广为流传，还被列为非遗，成为全人类共同的文化遗产。

第三，群众文化是非遗的传承者。非遗的传承，需要人民群众的参与和传承。例如中国的传统手工艺，如剪纸、泥塑、刺绣等，都是人民群众在长期的生活实践中创造出来的，它们反映了人民群众的生活经验、情感世界和审美追求。这些手工艺不仅在人民群众中广为流传，也被列为非遗，成为全人类共同的文化遗产。

第四，群众文化对非遗的影响还体现在对非遗的保护、传承和推广上。随着社会的发展和变迁，一些非遗项目面临着失传的危险。为了传承这些非遗项目，人民群众自发组织起来，进行非遗的挖掘、整理、保护、传承和推广。例如中国

的"非遗日"活动，就是由人民群众自发组织的，旨在推广和保护传承非遗。

二、非遗对群众文化的影响

第一，丰富群众的文化生活。在现代社会，人们的生活节奏加快，压力增大，对精神文化生活的需求也越来越高。非遗作为一种独特的文化形态，以其独特的艺术魅力和深厚的文化内涵，吸引广大群众的目光。比如传统的民间舞蹈、音乐、戏剧等，以其独特的表演形式和艺术风格，吸引大量观众。这些非遗项目的表演和展示，不仅为群众提供丰富的文化享受，也满足他们对精神文化生活的需求。

第二，提升群众的文化素养。非遗是民族优秀传统文化的代表，它包含丰富的历史、文化、艺术等知识。通过学习和了解非遗，群众不仅可以增长知识，还可以提升自己的文化素养。比如传统的手工艺制作，如剪纸、泥塑、刺绣等，不仅需要高超的技艺，还需要深厚的文化底蕴。这些非遗项目的学习和传承，不仅可以让群众掌握一门技艺，还可以让他们深入了解中华民族的优秀传统文化，提升自己的文化素养。

第三，增强群众的文化自信。非遗是民族文化的瑰宝，是民族精神的象征。通过传承非遗，可以让群众更加深入地了解和认识自己的文化，从而增强自己的文化自信。比如传统的节日庆典、民间信仰、风俗习惯等，都是民族文化的重要组成部分。

第四，促进文化产业的发展。非遗作为一种独特的文化资源，具有巨大的经济价值。通过开发和利用非遗，可以促进文化产业的发展，为社会创造更多的就业机会和经济收入。比如传统的手工艺品、民间艺术表演等，都是具有巨大市场潜力的文化产品。这些非遗项目的开发和利用，不仅可以为社会创造更多的就业机会和经济收入，还可以推动文化产业的发展，提升国家的文化软实力。

第五，促进文化的多样性和交流。非遗是民族文化的瑰宝，也是世界文化的重要组成部分。通过传承非遗，不仅可以传承民族的文化，也可以促进世界文化的多样性和交流。比如传统的民间艺术、民间音乐、民间舞蹈等，都是具有独特魅力的文化形式。

总的来说，非遗对群众文化的影响是多方面的，也是深远的。它不仅丰富群众的文化生活，提升群众的文化素养，增强群众的文化自信，促进文化产业的发展，还促进文化的多样性和交流。因此，我们应更加重视非遗的传承，让更多的人了解和认识非遗，让非遗在新时代焕发出新的生机和活力。

三、群众文化与非遗：互动共融的文化生态

在现代社会，群众文化与非遗之间的互动关系日益紧密。这种互动不仅体现在文化传承上，更体现在文化创新和发展上。

（一）相互依存、相互促进的共生关系

群众文化与非遗之间存在着一种相互依存、相互促进的共生关系。首先，群众文化作为广泛而深厚的文化土壤，为非遗提供生存和发展的基础。非遗作为中华民族历史文化的瑰宝，其传承与延续离不开广大人民群众的参与和支持。群众文化中的民俗、节庆、民间艺术等，都为非遗提供丰富的传承载体，使得非遗能够在现代社会中得以延续和发展。同时，非遗也以其独特的魅力和深厚的文化底蕴，丰富群众文化的内涵，提升其品质。非遗所蕴含的精湛技艺、独特风格和深厚内涵，为群众文化注入新的活力，使其更加丰富多彩、独具特色。这种相互依存的关系，使得群众文化与非遗在传承与发展过程中形成良性的互动循环，共同推动我国文化事业的繁荣发展。

（二）互动发展、共同进步的现代特点

随着文化交流的日益频繁和全球化的加速推进，群众文化与非遗之间的互动关系也呈现出新的特点。

非遗的传承和发展需要借助群众文化的力量，融入人民群众的日常生活。通过开展非遗进校园、进社区等活动，让更多的人了解和认识非遗，感受其独特的魅力，从而激发人们对非遗的热爱和传承意识。同时，利用现代科技手段，如互联网、社交媒体等，扩大非遗的传播范围和影响力，使其更好地融入现代社会。

群众文化的发展需要借鉴和吸收非遗的精华，实现文化的创新和发展。非遗

中所蕴含的精湛技艺、独特风格和深厚内涵，为群众文化的创新提供丰富的素材和灵感。通过举办各种文化活动、比赛等方式，激发人民群众对非遗的兴趣和热情，鼓励他们将非遗元素融入自己的创作和表演中，推动群众文化的创新和发展。

在这种互动关系中，群众文化与非遗共同进步，为我国文化事业的繁荣发展贡献力量。非遗的传承和发展不仅让人民群众感受中华优秀传统文化的魅力，也提升他们的文化自信和文化自觉。同时，群众文化的创新和发展也为非遗注入新的活力，使其在现代社会中焕发出新的光彩。

▶ 第二节　非遗保护传承在群众文化活动中的作用

第一，文化传承与教育。非遗是民族文化的活化石，通过群众文化活动展示和传承非遗，可以让群众更直观地了解和感受到传统文化的魅力，增强文化认同感和自豪感。同时，非遗传承也是一种教育过程，通过参与和学习，群众可以深入了解传统文化的内涵和价值，提高文化素养。

第二，丰富群众生活。非遗保护传承与群众文化活动相结合，可以丰富群众的精神文化生活。"'非遗'本身是文化的独特载体，结合'非遗'项目开展群众文化活动，不仅有助于促进'非遗'传承发展，还能提高群众文化活动品质，对于群众文化活动的持续发展十分重要。"[①] 通过举办各种非遗展示、演出、体验等活动，让群众在欣赏和参与中感受到传统文化的独特魅力，提升生活品质。

第三，促进社会和谐。非遗保护传承有助于加强社区凝聚力和向心力。在群众文化活动中，非遗项目可以成为连接不同群体的桥梁，促进不同民族、不同地区的文化交流和融合，增进社会和谐与稳定。

第四，推动经济发展。非遗保护传承与文化产业相结合，可以推动地方经济的发展。通过开发非遗旅游、文创产品等，将非遗资源转化为经济资源，为当地

---

① 康洪瑞. 基于"非遗"的群众文化活动创新研究 [J]. 参花，2024 (8)：137.

创造更多的就业机会和经济收入。

第五，激活创新潜能。非物质文化遗产的保护与传承，不仅是对历史文化的承袭，更是对文化创新的推动和发展。在大众文化活动中，我们应当激发群众的创新意识，鼓励他们在传承传统文化的基础上，融入现代元素，将传统与创新相结合，打造出富有时代特色的文化作品，从而激活整个社会的创新活力。

第六，塑造城市文化形象。非物质文化遗产的保护与传承对于塑造城市文化形象具有重要意义。在城市中举办各类非遗展示、演出等活动，不仅能让市民和游客近距离感受城市的文化底蕴和特色，还能提升城市的文化品位，增强城市吸引力，进而提高城市的知名度和美誉度。

第七，促进文旅产业发展。非物质文化遗产具有丰富的旅游资源，将非遗与旅游业相结合，可以开发出独具特色的文化旅游产品，吸引游客参观体验，促进当地旅游业的发展。同时，非遗产业的发展也能为当地居民提供就业机会，助力乡村振兴。

第八，增进国际交流与合作。非物质文化遗产是人类共同的文化财富，对于增进各国间的了解和友谊具有重要意义。通过举办非遗文化交流活动，我们可以展示我国的文化魅力，促进国际间的文化交流与合作，为世界文化的多样性和繁荣作出贡献。

▶ 第三节　群众文化视角下非遗保护传承的现状分析

一、非遗保护传承的积极进展

随着全球范围内对非遗重要性的认识逐渐加深，我国也在非遗保护传承方面取得显著的积极进展。这些进展不仅体现在学术研究领域的丰富成果上，也展现在实际保护工作的显著成效中。

学术研究成果的丰富，为非遗保护传承提供坚实的理论支撑。近年来，越来越多的学者投入非遗研究领域，从多个角度、多个层面对非遗进行深入探讨。他们不仅从宏观层面分析非遗的保护传承方式、与乡村振兴的紧密关联以及文化空间的重构模式，还针对具体非遗项目进行细致的学理探讨。这些研究不仅深化对非遗的认识，也为制定更加有效的保护传承政策提供科学依据。

在学术研究的推动下，非遗保护传承工作也取得显著成效。政府高度重视非遗保护传承，制定一系列相关政策，为非遗的传承发展提供有力保障。同时，各地也积极举办各类展演活动，通过展示非遗项目的独特魅力，提高公众对非遗的认识和保护传承意识。此外，一些非遗传承人还通过开设培训班、举办讲座等方式，将非遗技艺传授给更多年轻人，使非遗得以在更广泛的范围内传承和发展。

值得一提的是，非遗保护传承的积极进展还体现在非遗与现代科技的融合上。借助现代科技手段，如数字化技术、虚拟现实技术等，非遗得以以更加生动、直观的方式呈现在公众面前。这不仅提高非遗的知名度和影响力，也为非遗的保护传承提供新的思路和方法。

未来，随着非遗保护传承工作的不断深入推进，相信一定能够更好地传承和弘扬中华传统文化，为构建人类命运共同体贡献中国智慧和中国方案。

二、非遗保护传承面临的挑战

第一，传承危机：重重的困境。我国非遗领域正面临着严峻的传承危机，在非遗的保护与传承过程中，大部分传承人依赖国家和政府的保护传承，他们的自主发展能力相对较弱。这种现象使得非遗的整体发展态势堪忧，一旦政府保护传承力度减弱，非遗项目的生存空间将受到一定威胁。

第二，工艺与曲艺失传：非遗传承的难题。非遗项目中，制作工艺和曲艺的失传成为一大难题。由于有效传承人的缺乏，这些非遗项目面临着无法传承下去的危险。在这种情况下，如何确保非遗项目的存活和繁荣，是当前非遗保护传承工作的重中之重。

第三，资金短缺：非遗发展的瓶颈。非遗项目在人才培养、宣传推广及产品成本等方面，普遍面临资金支持不足的问题。缺乏足够的资金支持，使得非遗项目的发展受到很大限制，进一步影响非遗的保护与传承。

第四，公众保护传承意识薄弱：非遗保护传承的阻碍。公众对非遗的保护传承意识尚需提升。在一定程度上，公众对非遗的认知和重视程度影响非遗保护传承工作的深入进行。因此，提高公众的非遗保护传承意识，是推动非遗保护传承工作的重要途径。

第五，保护传承机制不健全：非遗保护传承的迫切需求。当前非遗保护传承机制存在缺陷，需要在制度层面进行完善，以确保非遗得到有效保护传承。建立一个科学、完善的非遗保护传承机制，对非遗的长远发展具有重要意义。

第六，传承人老龄化：非遗传承的紧迫任务。非遗传承人老龄化问题严重，年轻一代传承人的培养成为非遗保护传承的紧迫任务。为了使非遗得以传承，有必要加大对年轻传承人的培养力度，确保非遗项目的传承和发展。

第七，文化冲击下的创新挑战：非遗保护传承的崭新课题。如何在保持传统文化独特性的同时，实现创新发展，成为非遗保护传承面临的挑战。面对文化冲击，非遗保护传承需要在传承与创新之间找到平衡，既要弘扬传统文化，又要与时俱进，推动非遗项目的创新发展。

三、群众文化与非遗保护传承融合中的挑战

群众文化与非遗保护传承的融合是一项富有挑战性的任务，其中涉及多方面的难题与困境。

第一，传统与现代的平衡难题。在非遗文化与群众文化的融合过程中，如何既保持传统的纯粹性，同时又能够融入现代元素，是一个需要我们仔细权衡的问题。一方面，我们要尊重和传承非遗文化的历史底蕴和独特性；另一方面，我们也要与时俱进，让非遗文化在现代社会焕发新的生命力。这需要我们在融合过程中，深入挖掘非遗文化的内涵，同时注重创新，找到传统与现代的平衡点。

第二，传承与商业化的冲突。在非遗文化与群众文化的融合过程中，商业化可能会带来利益冲突，损害非遗文化的本真性。我们要在传承和保护非遗文化的同时，适度地进行商业化运作，以实现非遗文化的可持续发展。这就需要我们找到传承与商业化之间的平衡点，避免过度商业化对非遗文化传承造成不良影响。

第三，资源和保护传承的不足。非遗文化与群众文化的融合需要充足的资源投入和保护传承力度，特别是在偏远和贫困地区。这些地区往往缺乏足够的资

金、技术和人才支持，使得非遗文化的保护与传承面临更大的困难。因此，我们需要加大对这些地区的支持力度，提高非遗文化保护与传承的效果。

第四，缺乏有效的传播与推广途径。为了让更多的人了解和参与到非遗文化与群众文化的融合中来，我们需要发掘多样化、多媒体的传播方式，将非遗文化与群众文化活动融合的理念传递给更广泛的受众。这包括利用网络、电视、广播、报纸等多种媒体进行宣传，举办各类非遗文化展览、演出、讲座等活动，让非遗文化走进校园、社区、企业等各个领域，从而提高全社会对非遗文化的认知度和参与度。

▶ 第四节　群众文化与非遗保护传承的有效整合策略

一、群众文化与非遗保护传承的有效整合意义

非遗文化与群众文化活动的整合具有深远而重要的意义，整合将传统文化与现代社会相结合，为非遗文化的传承与发展注入新的活力，同时也激发群众对文化的热爱和参与热情。"非物质文化遗产是一个国家文化传承的重要组成部分，群众文化活动是传统文化生生不息的源泉，如何将非遗传承保护与群众文化工作相结合，成为当前文化工作领域亟待解决的问题。"①

第一，整合非遗文化与群众文化活动的重要性在于，它能够将传统文化融入人们的日常生活。通过群众喜闻乐见的形式展示非遗项目，使得传统文化更易被大众接受和理解。在这个过程中，非遗文化得以在群众文化活动中得到更广泛的传播和传承，从而实现非遗传统的弘扬和保存。这是一条连接过去与未来、传承与发展的重要途径。

第二，群众文化活动具有亲民性和参与性，这是其独特的社会教育功能。通过参与文化活动，普通民众可以成为文化的传播者，将非遗文化带入生活的方方

---

① 高静. 非遗传承保护与群众文化工作融合的有关思考探究 [J]. 参花，2024 (11)：143.

面面。而非遗文化的融入，使得群众文化活动更具特色和魅力，吸引更多人参与，形成文化自觉参与的良好氛围。这不仅增强了群众的文化自信，也提升了文化活动的品质和影响力。

第三，非遗文化与群众文化的整合，使传统文化在现代社会中得以焕发新的生机。在群众文化活动中，非遗项目可以与当代元素相结合，产生新的表现形式，更好地适应现代社会的需求。这种"对话"式的融合，不仅使传统文化得以传承，也使其在当代社会中继续发展。这是文化创新与传承的一种重要方式。

二、非遗保护传承与群众文化工作相结合的策略

（一）更新理念，实现产业结合

第一，建立整合意识与理念。为了实现非遗文化与群众文化活动的整合，首先需要在全社会层面树立整合意识与理念。这不仅是政府、专家、文化从业者的责任，更是每一位公民的使命。政府应发挥主导作用，通过制定相关政策、加大资金投入、加强宣传力度等方式，为非遗文化的保护传承提供有力支持。同时，专家和文化从业者应积极探索非遗文化与群众文化活动整合的方式方法，形成一套行之有效的模式和经验。此外，提升大众对传统文化的认知和理解度，让更多人了解、尊重并喜爱非遗文化，从而积极参与到非遗整合的实践中来。

第二，发展非遗文化产业。产业整合是非遗文化与群众文化活动整合的重要路径之一。通过发展非遗文化产业，我们不仅可以为传统文化注入新的活力，还能带动地方经济的发展。政府可以出台相关政策，鼓励和支持非遗项目与群众文化活动相结合，如将非遗艺术表演、手工艺制作等纳入文化旅游产业，打造具有地方特色的非遗文化旅游品牌。同时，我们还可以推动非遗产品的创新与推广，让非遗文化在市场上受到更多人的欢迎。这不仅可以提高非遗文化的知名度和美誉度，还能为非遗传承人带来可观的经济收益，从而激发他们传承非遗文化的积极性和热情。

第三，创新推广模式，提升传播效果。在非遗文化与群众文化活动的整合过程中，创新推广模式至关重要。我们需要充分利用新媒体和互联网技术，拓宽传

播渠道，提升传播效果。例如可以通过社交媒体平台开展线上非遗展示、互动体验等活动，让更多人了解非遗文化的魅力。同时，我们还可以利用线下活动，如非遗文化节、非遗进校园等，将非遗文化与群众文化活动巧妙结合，形成独特的文化品牌。这些活动不仅可以吸引更多人参与非遗整合的实践，还能提升非遗文化的社会影响力和认可度。

第四，加强多方合作，形成联动效应。非遗文化与群众文化活动的整合需要多方合作，形成联动效应。政府、文化机构、企业和社会组织等应加强沟通协作，共同推动非遗文化的传承与发展。例如可以组织联合活动、项目合作等，共同促进非遗项目的传承和发展。通过合作，我们可以实现资源共享和优势互补，使得整合效果更加显著。同时，加强和国际社会的交流与合作，借鉴其他国家和地区的成功经验，推动非遗文化在国际舞台上的传播与交流。

第五，深化群众参与，激发创新活力。群众是非遗文化保护传承的重要力量。我们应深化群众参与，激发创新活力，让非遗文化在群众中生根发芽、开花结果。可以通过开展非遗文化讲座、培训班等活动，提高群众对非遗文化的认识和了解；可以组织非遗文化表演、手工艺制作等体验活动，让群众亲身感受非遗文化的魅力；还可以鼓励群众参与到非遗项目的创作和传承中来，发挥他们的智慧和创造力，为非遗文化注入新的活力。

第六，注重可持续发展，保护生态文化。在非遗文化与群众文化活动的整合过程中，我们应注重可持续发展，保护生态文化。非遗文化作为一种活态的文化遗产，其保护传承必须建立在可持续发展的基础上。我们应尊重自然、顺应自然、保护自然，实现非遗文化与生态环境的和谐共生。同时，加大非遗文化的保护传承力度，防止过度商业化和滥用非遗资源的现象发生，确保非遗文化的真实性和完整性得到有效保护传承。

（二）立足群众需求，进行文化创新

为了更好地保护传承非遗，必须紧密关注群众的需求，通过文化创新满足群众的文化期望，可以建立以群众参与为基础的文化活动平台，开展民间艺术展演、庙会民俗活动等，引导群众积极参与，将非遗元素融入群众的文化生活中，使之更加贴近群众生活，激发群众的文化兴趣。同时，可以鼓励群众参与非遗创意活动，组织非遗创作比赛，鼓励群众将现代手法与传统元素结合起来，创作出富有创意和时代感的非遗作品。通过这种方式，不仅能够激发群众对传统文化的热情，同时也为非遗传承注入新的生机与活力。加强非遗教育与培训，培养更多具有创新能力的传承人，通过在学校、社区等场所开设公益性质的非遗培训课程，引导群众系统学习非遗技艺，同时注重培养他们的创新思维，使非遗在创新的推动下更好地融入当代社会。

另外，还可以发展在线非遗展览和虚拟现实类非遗体验项目，通过虚拟现实技术实现对非遗元素的立体展示，让观众仿佛置身于非遗技艺工坊、民间艺术的表演现场，能够更加生动地感受非遗的魅力，这种方式也有助于在更广阔的范围内推广和分享各地的非遗。通过与互联网公司合作，开发非遗主题的文化IP，如游戏、动漫、音乐等，吸引年青一代的关注，运用在线培训平台，推动非遗技艺的传承与教育，同时借助网络直播、在线课程等形式，为非遗传承人提供更多传授技艺的机会。

（三）扩大宣传范围，提升影响力

第一，多媒体宣传与传播多媒体平台是扩大宣传范围的有效途径。可以通过电视、广播、网络、移动端等多种媒体平台，推出丰富多彩的非遗文化与群众文化活动内容。通过宣传片、微电影、短视频等形式，生动展现整合过程中的精彩瞬间，吸引更多观众的关注。同时，通过社交媒体的传播，让内容迅速传播至更广泛的受众，形成传播的连锁反应。

第二，举办文化节庆与活动。举办文化节庆和群众文化活动是吸引眼球、扩大影响力的有效手段。可以将非遗文化与群众文化活动整合作为主题，举办相关的文化艺术展演、手工艺品展销、非遗体验活动等。这些活动吸引大量观众参与，同时也提高非遗文化在社会中的认知度和关注度。

第三，媒体与名人合作。借助媒体和名人的力量，将非遗文化与群众文化活动推向更广阔的舞台。与电视台、杂志社、网络平台等媒体建立合作关系，可以通过专题报道、专栏等形式深化传播整合的成果和意义。同时，邀请知名艺家、文化名人等参与整合项目，以其影响力与号召力吸引更多人参与和支持。

第四，社区与基层宣传将宣传的重点下沉到社区和基层，与群众文化活动紧密结合。在社区举办非遗文化传承的培训和展示活动，吸引居民的参与和支持。同时，通过基层组织和社区媒体的宣传，增强非遗文化与群众文化活动在基层的影响力，形成从群众中来、到群众中去的良性互动。

(四) 科学传承非遗

为了科学地传承非遗，须采取一系列措施，如建立完善的非遗档案与数据库，利用现代信息技术手段全面记录和整理非遗元素的历史、技艺、传承人等信息，确保非遗内容统一管理的全面性和准确性。同时，也要进行深入的学术研究与调查，运用社会学、人类学、艺术学等学科的研究方法，对非遗元素进行多角度深入挖掘和分析，从学术的角度深刻理解非遗项目的历史渊源、文化内涵及其社会价值，为非遗的传承提供理论指导，使其在当代社会中被合理传承。

此外，鼓励非遗传承人进行创新实践，将传统元素与现代文化相整合，传承人可通过新的方式，将非遗元素融入当代艺术、工艺品制作等领域，以适应现代社会的需求，使非遗在新的文化环境中焕发新的生命力，为非遗在当代文化中的传播创造新的途径。与此同时，建立非遗传承人的培训机制，通过专业化的培训课程，传授非遗技艺和经验，内容不限于技艺本身，还应包括管理、传播、创新等方面的知识，以培养出更具综合能力素养的传承人，并推动非遗传承与教育的有机结合，将非遗融入学校的教学体系，通过在学校课程中引入非遗文化教育来培养学生对传统文化的兴趣与理解，以及对非遗的尊重与热爱。

(五) 创新活动方式，保护传承优秀文化

第一，创新文艺演出形式。传统的非遗演出形式如戏曲、民间舞蹈等在现代社会可能难以吸引年青一代观众。为了让非遗文化更具吸引力，可以探索创新的演出形式，结合现代舞台艺术元素，打破传统表演框架，让传统文化焕发新的活力。例如将非遗元素融入音乐会、舞台剧、舞蹈表演等，通过多样化的演出形式，让年轻人更容易接触、喜爱和传承传统文化。

　　第二，组织互动体验活动是一种有效的非遗文化传承方式。为了让更多的人了解和参与到非遗文化的传承与保护中来，我们可以举办各类互动体验活动，让群众在亲身体验中感受到非遗文化的魅力。组织互动体验活动可以让群众深入参与到非遗文化的传承过程中，亲自体验传统技艺的制作过程，从而增强他们对非遗文化的认知和理解。例如我们可以举办非遗手工艺品制作活动，让观众亲自动手尝试制作，感受到传统手工艺品的独特魅力。

　　第三，故事讲述与传统知识普及。将非遗文化融入故事讲述和传统知识普及中，可以更好地传承优秀文化。通过讲述非遗项目背后的历史故事和文化内涵，加强观众对传统文化的了解和认知，并借助讲故事的形式传承传统文化中的道德观念、价值观等，潜移默化地影响受众，让他们从内心认同非遗文化的价值。

　　第四，跨界合作与创意整合。群众文化活动中融入非遗文化，可以尝试着与时尚、艺术、设计等领域展开合作，将非遗元素融入时尚服装设计、艺术创作中，形成全新的文化表达形式。通过创意整合，将非遗文化与现代生活紧密结合，让传统文化焕发出新的活力。

　　第五，构建群众文化活动平台。可以设立非遗文化主题的艺术节、文化展览等活动，吸引各类非遗项目参与。通过举办群众文化活动，将非遗文化与当代社会联系起来，让更多人参与非遗传承与发展。也可以紧跟时代发展趋势灵活运用科技手段，推动非遗文化的传承与创新。可以采用虚拟现实技术、数字化展示等方式，将非遗文化呈现给观众，使其更具吸引力和参与感。例如利用虚拟现实技术打造非遗艺术展览，让观众身临其境地感受传统技艺的魅力。

第六章 群众文化促进非遗保护与传承的地区实践——以镇平县为例

▶ 第一节 镇平县文化事业发展现状分析

一、镇平县的地理优势

镇平县地处中原腹地，位于河南省西南部，南阳市西北侧，东依南阳市卧龙区，南邻邓州市，西连内乡县，北接南召县，全县总面积1580平方公里，总人口936 912人，辖12镇11乡，409个村民委员会，5100个村民小组。县境为伏牛山东南部低山丘陵区，地势北高南低，山、丘、平地各占三分之一，呈阶梯形由北向南分布。镇平县历史悠久，舜帝时境内为吕国，汉时境内设涅阳、安众侯国。金正大三年（1226年）置镇平县。明洪武十二年（1379）并入南阳，旋复置，清沿旧称，经民国至今。

镇平还是国家命名的"中国民间文化艺术之乡""中国玉雕之乡""中国地毯之乡""中国金鱼之乡"，全县共有文化馆、图书馆、彭雪枫纪念馆、文化市场稽查大队、电影公司、戏剧艺术团、剧院、青少年艺术中心、有线电视台等事业单位。基本形成"县有文化馆、图书馆，乡有文化站，村有文化大院"的县、乡（镇）、村三级文化网络，文化事业、文化产业有了较大的发展。目前，石佛寺、贾宋、卢医、侯集被命名为省先进文化乡镇；文化馆、图书馆被文化和旅游部命名为三级文化馆、三级图书馆；彭雪枫纪念馆被省委、省政府命名为"省级优秀爱国主义教育基地""省国防教育基地"。被中宣部命名为"全国爱国主义教育示范基地"。

二、镇平县文化事业、文化产业发展的现状

近年来，镇平的文化工作始终坚持以习近平新时代中国特色社会主义思想为指导，弘扬社会主义核心价值观，大力弘扬和实践先进文化，唱响主旋律，打好主动仗，在文化建设的各个领域都取得了显著的成绩。"地方志系统已经实现从文化工作向文化事业的转型升级，坚持文化事业的发展方向是当代方志文化健康发展的基础。"①

（一）社会文化活动丰富多彩

文化部门采取以文养文、社会赞助、政府补贴的办法，利用国家法定节日和民间传统节日，积极举办各类文化活动，努力做到"节节有文艺演出、月月有文化活动"，平均每年举办大型文化活动 30 余场次。从 2016 年起，镇政府已经连续四年举办民间艺术会演，每次会演都有全镇 20 多个村代表队、200 多名民间艺人参演；每年的"双节"都举办文艺晚会、民间艺术大踩街、元宵花灯会展、灯谜竞猜等活动；玉雕节组织举办大型开幕式表演、民间艺术大赛、青歌赛、书画展等；其他一些纪念活动，也都举办了各不同的大型文艺演出。

在 2019 年上半年，为张扬镇平"中国民间艺术之乡"这一文化品牌，促进社会主义新农村建设，镇平县委、县政府把举办民间艺术大赛作为全县该年度为民要办的八件大事之一，按照"城乡联动、全民参与、气氛热烈、富有特色"的原则，通过全方位运作，高效率实施，取得圆满成功。共演出一百多场，数十万人次到现场或通过广播电视观看了比赛，受到广泛赞誉，《南阳文化信息》先后两次向全市各县转发了镇平举办民间艺术大赛的成功经验。《河南日报》《南阳日报》、市电视台等省、市主要新闻媒体也都进行了报道。

（二）文艺创作硕果累累

近年来，全县组织参加省、市音乐、舞蹈、美术、书法大赛，共获奖牌数

---

① 张卓杰. 略论立足文化事业的当代方志文化发展进路 [J]. 新疆地方志，2024（1）：18.

36 个，其中获省一等奖 5 个、市一等奖 7 个和单位组织奖 5 次。演出的《嫂娘情》参加市第五届戏曲大赛获金奖；2014 年被评为南阳市"五个一工程"奖；2015 年组织编排的大型现代曲剧《彭雪枫在淮北》，参加市第六届戏剧大赛，一举夺得金奖，文化局获优秀组织奖。同时还获得剧本奖、导演奖、乐队伴奏奖、编剧奖、优秀表演奖、特殊贡献奖、优秀个人组织奖等七个单项大奖。获奖项目居所有参赛剧目之首。2006 年，曲剧《彭雪枫在淮北》、歌曲《动感玉乡》、图书《涅阳笔记》获市第七届"五个一工程"奖。

（三）文化市场管理规范有序，繁荣健康

全县共有网吧 42 家，音像、书刊门店 26 家，印刷企业 12 家，复印、打字门店 32 家，歌舞娱乐场所 3 家。为切实搞好全县文化市场、新闻出版的整顿规范工作，严厉打击各类违法违规经营活动，强化经营户的依法经营意识，先后开展了对互联网上网服务经营场所、电子游戏经营场所、音像制品经营场所、演出市场和印刷企业、书报刊门店、中小学校发放教材辅读物等七大行业的专项整顿活动。文化部门与公安、工商等职能部门通力合作，组织了多次文化市场专项整治行动，做到了突击整治、快速打击、快速结案，严惩违法经营者，彻底铲除文化垃圾。在 2024 年开展的以"网吧"为重点的文化市场经营秩序集中整治活动和以音像制品为重点的"反盗版百日行动"中，全县共责令停业整顿违规网吧 11 家，处罚 22 家，取缔黑网吧 3 家，对证照不全的 9 家给予警告，收缴盗版音像制品 1800 多盘，有力地震慑非法经营活动。镇平的文化市场和新闻出版管理工作连年被市文化局评为先进单位。

（四）文物保护措施得力

镇平的文物工作，始终坚持"保护为主，抢救第一，合理利用，加强管理"的方针，认真落实文物保护工作"五纳入"的精神，健全县、乡、村三级文物安全保护管理体系，加大文物法规宣传力度，管教并举，打防结合，有效地保护了全县地上地下文物安全。连续实现文物安全年，成为全省文物安全保护比较好的县之一，曾多次受到国家、省、市文物部门的表彰。

（五）文化设施建设取得历史性突破

基础文化设施是开展文化活动的平台，是传播先进文化的主要阵地。近年来，镇平通过加大地方财政投入，争取上级政策性资金支持，盘活文化现有资产、优化资源，招商引资、吸纳社会资金等方式，全力以赴抓好电力广场、会展中心建设、文化馆扩建、图书馆建设和彭雪枫纪念馆扩建工程等城区文化设施建设。2018 年，县城投资 800 万元，建起了包括音乐喷泉、舞池、绿地、广场在内的电力广场并提档升级，成为县城人们休闲娱乐的文化中心。投资 4000 多万元的文化会展中心已投入使用，县图书馆新馆大楼总投资 200 万元，于 2013 年 12 月 3 日圆满竣工。县文化馆筹措社会资金 200 多万元建成了文化活动中心大楼，开办了展览室、游艺室、排练室等文化活动项目。彭雪枫纪念馆向上争取资金 700 多万元，于 2014 年 9 月份完成了雪枫广场和主展楼扩建工程。另外，在乡镇文化"四基"建设方面，贾宋、石佛寺、侯集、卢医等 6 个乡镇，文化站房舍都已达到 10 间以上，城关、马庄达 15 间以上，另有 7 个乡恢复了 5~8 间文化站房舍，至今全县文化站房舍已回升 180 间。村级文化室、文化大院，由 2001 年的 77 个，新增加 85 个，达到 165 个。石佛寺镇投资数百万元，建成了玉文化广场和玉文化中心。玉文化中心集玉文化博览、报告厅、游艺厅、活动厅为一体，尽显玉文化风采。目前，全县整个文化硬件设施在全市属一流档次。

（六）文化产业有了较大发展

作为"中国玉雕之乡"的镇平县，玉雕传统源远流长，玉雕艺术久负盛名，玉雕产业长足发展，在全县 23 个乡镇中有 10 个乡镇从事玉雕生产，从业人员 12 万余人，年产值 15 亿元，产品远销世界 50 多个国家和地区，出口额 6 亿多元，成为镇平的支柱产业。全县业余剧团、曲艺茶社、民间艺术团队等文化产业组织 106 个，从业 1500 余人，年收入 500 余万元。文化书刊、音像、印刷、网吧等企业、商户 180 余家，年收入 260 余万元。

三、镇平县文化事业发展的对策

第一，加强对文化工作的领导。各级党委、政府一定要把文化建设摆上主要的议事日程，认真落实国务院关于文化工作"四纳入"和文物工作"五纳入"的政策规定，把文化建设的各项任务与经济社会发展的目标任务一起规划、一起部署、一起实施、一起检查、一起考核，使文化工作真正落到实处。加强对文化建设的领导和组织协调，建立党委、政府牵头的文化工作协调组织，认真研究文化事业改革和发展中的重大问题，协调、落实文化工作的重大决策，帮助解决文化在改革发展中遇到的突出问题和困难，为文化发展创造良好环境。

第二，加大对文化建设投入力度。一是对政府兴办的图书馆、文化馆、纪念馆、博物馆等公益文化事业单位，应给予经费保证，并保证其各项业务工作的正常开展。二是切实落实中央对文化事业经费投入的增长幅度不低于财政收入增长幅度的要求，提高文化事业费在财政支出中的比例，改变镇平县人均文化事业费偏低的状况，为文化建设提供必要的资金保障。三是制定完善有利于文化发展的优惠政策，扶持全县文化事业和文化产业快速发展。

第三，建设高素质的文化人才队伍。一是建立人才培养体系。引进高等院校培养的文化艺术、经营管理、文化科技等方面的高层次人才；培养文化艺术工作急需的实用型人才，解决后继乏人问题。二是改革人才管理办法，建立自由流动、富有激励，使优秀人才脱颖而出的人才管理机制，突破计划经济体制下形成的文化人才为单位所有、部门所有的模式，逐步实现单位所有形式向社会所有形式转变，促进人才合理流动。承认和尊重知识的价值，鼓励创新，支持创业，为人才成长和发挥才干创造宽松的环境。改革对人才的评价标准，确立以业绩取向的人才价值观，打破学历和资历的界限，鼓励优秀人才脱颖而出。

第二节 镇平县非物质文化遗产保护工作现状

一、镇平县非物质文化遗产保护工作的成果

自《中华人民共和国非物质文化遗产法》颁布实施以来，镇平县的非物质文化遗产保护工作被提上重要议事日程，坚持"保护为主、抢救第一、合理利用、传承发展"的方针，抓住机遇，主动争取，求实创新，扎实工作，全力推进非物质文化遗产保护工作，逐渐形成党委领导、人大监督、政府负责、文化监管、部门配合、公众参与的良好局面。镇平县非物质文化遗产保护工作现状如下。

（一）健全机构，加强对非遗保护工作的领导

近年来，镇平县委、县政府高度重视非遗保护工作，将非遗保护列入主要工作议事日程，并纳入全县国民经济和社会发展总体规划，纳入县财政预算，用于非物质文化遗产保护。

内设办公室、非遗普查室、非遗档案资料室，配备了电脑、摄像机、照相机、打印机等现代化办公设备。特别是《中华人民共和国非物质文化遗产法》颁布实施后，镇平县委、县政府明确非物质文化遗产保护工作由上级局领导，文化馆作为责任主体牵头组织实施，各乡镇、街道办文化站全力参与配合，形成一级抓一级、层层抓落实的非物质文化遗产保护格局。

（二）广泛宣传，营造关心非遗保护氛围

为提高公众的非物质文化遗产保护意识，近年来坚持在每年的"文化遗产日""12·4法制宣传日""新春民俗展"等宣传活动中采取出动宣传车、悬挂宣传标语、散发宣传资料、组织媒体报道、广场文艺演出、设立非物质文化遗产保护工作咨询点等形式，大力宣传的法律、法规和非物质文化遗产保护有关政

策。县电台、电视台也派出精兵强将对非物质文化遗产保护进行了深入系统的宣传报道。通过一系列的宣传活动，全县营造了普及文化遗产保护知识、激发和培养全社会保护意识的浓厚氛围，为镇平县非遗文化遗产保护工作的开展打下了良好的社会基础。

（三）加大力度，扎实开展非遗抢救保护工作

第一，搞好非物质文化遗产的普查工作。成立全县非物质文化遗产保护普查领导小组，制订普查工作方案，召开普查动员会，对全县普查骨干进行专业培训，并集中力量深入各乡镇、街道办进行普查、调查，以县政府文件形式下发公布了镇平县首批非物质文化遗产项目名录。

第二，大力推进非遗项目申报工作。组织专业人员编写申报材料，制作申报电视专题片以及 VCD 光盘和其他辅助资料，报送资料做到了及时准确。镇平玉雕工艺被国务院公布为全国第二批国家级非物质文化遗产保护项目，仵海洲[①]为国家级非物质文化遗产传承人，石佛寺珠宝玉雕有限公司为国家级项目传承保护基地；优秀民间歌舞《九莲灯》成功申报为省级非物质文化遗产保护项目；镇平黄酒、玉雕书画技艺、侯氏布艺、民间舞蹈《古饰》、民间文学《五朵山系列故事》、镇平蒙古滑步拳等 11 个项目成功申报为市级非物质文化遗产保护项目。

第三，健全非物质文化遗产数据库。近年来，通过对镇平县非遗项目认真细致地整理，建立以文字、图片、视频等为载体的非遗数据库。

（四）扩大投入，为非物质文化遗产传承保护提供资金保障

第一，加强基础设施建设。投资 3.2 亿元新建一所兼容收藏、文物陈列、表演、传承、创作、教育、学术研究等多种特有功能的玉文化博物馆，目前主体已经完工，正在内部装修中。

第二，对国家级非遗项目保护单位石佛寺珠宝玉雕有限公司，向上争取资金

---

① 仵海洲是一位知名的玉雕艺术家，出生于 1958 年，籍贯河南。他是国家级非物质文化遗产项目玉雕（镇平玉雕）的代表性传承人，同时也是高级工艺美术师。仵海洲毕业于天津美术学院，擅长人物、花鸟、山水等玉雕产品的设计和创作，特别是对南阳独山玉的认识非常深刻。

600 余万元的传承场所、手工技艺等进行重点保护。

第三，为省级非遗项目《九莲灯》争取资金 17 万元，使此节目重新焕发了生机；争取省财政每年补助 6000 元，用于《九莲灯》传承人申敏华和《侯氏布艺编制》传承人侯显珍对该项目的传承保护。

第四，县财政每年拨付专项资金 3 万元，用于全县非物质文化遗产的保护、传承。

（五）培训骨干，确保非物质文化遗产保护工作有效开展

先后组织举办非物质文化遗产专业人员培训班五期，培训县、乡镇、村各级专业人才 500 余名。截至目前，全县已经初步形成县有非物质文化遗产保护中心、乡镇有非遗保护专业、村有业余非遗保护普查员的县乡村三级非遗网络保护队伍。

（六）搭建平台，大力举办非遗保护展示活动

近年来，通过一系列的宣传活动，取得了良好的社会效果，使全县营造了普及文化遗产保护知识、激发和培养了全社会的保护意识，为镇平县非遗文化遗产保护工作的开展打下了良好的社会基础。

第一，在重大节庆演出时，如去年的"唱响白河""八一"赴部队演出、春节文艺晚会等都注重融入非遗文化元素，充分展示宣传镇平"九莲灯""鼓儿哼"等传统非遗项目。

第二，仵海洲作为"镇平玉雕工艺"唯一传承人，积极推荐其参加上海世博会、北京中国非物质文化遗产百名工艺美术大师技艺大展、中国济南首届非物质文化遗产博览会等全国性非遗博览会，展示自己的绝技、宣传镇平玉雕。近年来，他设计制作的作品在"百花奖""天工奖"等全国工艺美术展评会上获大奖百余次，独玉"鹿鹤同春"被中国美术馆收藏，"百年梦"被河南艺术馆收藏，仵海洲因其精湛的玉雕技艺获得了多个荣誉称号，如 1996 年中国轻工总会授予"优秀创作设计人员"；1996 年 2 月，联合国教科文组织命名"民间工艺美术家""世界优秀专家"；1993 年 4 月，河南省总工会授予"五一劳动奖章"等。

第三，对"镇平玉雕工艺"这一国家级非物质文化遗产保护项目，采用"学校+基地+工作室"的保护传承模式，充分利用国家级非遗传承人仵海洲是南阳师院兼职教授、镇平玉雕工艺职业学校名誉校长，在镇平县玉雕工艺职业学校进行"传帮带"，彻底摒弃了在师徒之间或者家族内传带模式；以中华玉文化博物馆、玉雕大师创意园、石佛寺珠宝玉雕有限公司为基地，进行创作、表演、传承、教育、教学、科研，推动"镇平玉雕工艺"被更好、更有效地传承。

第四，镇平县非物质文化遗产保护工作中存在的问题包括：①对非遗保护工作的认识有待进一步提高。②非遗项目的保护现状不容乐观。③非遗保护机构和专业人员力量不足。④非遗保护资金投入严重不足。随着非遗保护工作的不断深入，保护对象不断增多，保护要求不断提高，经费投入与实际需求的矛盾必将日益突出。

二、镇平县文化馆的建设成果

文化馆是全县唯一的群众文化财政全供事业单位，设有公益舞蹈排练室、少儿艺术培训室、书画培训展览室、老年曲艺（大调曲）培训活动室、器乐萨克斯培训室、非遗展示馆等；室外活动场地 1600 平方米，设有露天舞台、露天舞池、乒乓球台、阅报栏、宣传橱窗等。

（一）镇平县文化馆的主要职责

第一，组织开展经常性的群众文化活动；开展流动文化服务；指导群众业余文艺团队建设，辅导和培训群众文艺骨干。

第二，举办各类艺术展览、讲座，开展各类青少年艺术培训等；组织并指导群众文艺创作，开展群众文化工作理论研究。

第三，收集、整理、研究非物质文化遗产，开展非物质文化遗产项目和代表性传承人的向上申报工作及非物质文化遗产的普查、展示、宣传活动，指导传承人开展传习活动。

第四，指导文化站、社区文化中心、村级文化活动室工作，为文化站、社区文化中心、村级文化活动室培训人员，并向文化站、社区文化中心、村级文化活动室配送文化资源和文化服务。

第五，指导本地区老年文化、少儿文化工作。

第六，开展对外民间文化交流。

镇平县文化馆将确定打造一个较好的"非遗点亮乡村"示范点；完成上级安排的临时性工作任务。

（二）文化馆的活动简述

元月 26 日，镇平县文化馆文化人才服务基层赴贾宋镇首届年货节文艺会演。

元月 26 日，镇平县文化馆在镇平县中心法治广场隆重举办"豫出彩·一起来"2024 年迎新春文艺汇演暨义写春联活动。

2 月 2 日至 12 日，"欢欢喜喜过大年"2024 年春节主题文化活动——"赏年画过大节"镇平县春节年画展线上展示 10 期。

2 月 2 日至 4 日，"百花迎新乐中原"镇平县文化馆 2024 年少儿书写春联培训活动三天。

2 月 7 日至 16 日，"欢欢喜喜过大年"2024 年春节主题文化活动——"赏年画过大节"镇平县文化馆春节年画展线下展览，截至目前 10 天。

2 月 15 日，龙行龘龘琴颂盛世，"欢欢喜喜过大年"——镇平县文化馆举办 2024 年迎春少儿钢琴音乐会。

▶ 第三节 镇平县省级非遗民间歌舞《九莲灯》的传承与发展

《九莲灯》是汉族优秀的民间歌舞，目前河南镇平县、河南新安县、山西高平市保存较为完整、形式较丰富，并且先后分别进入河南、山西非物质文化遗产名录。这项艺术起源于清末年间，距今已有约 300 年的历史。它的特点在于以浓醇芳香的乡土气息、悠扬婉转的美妙乐章、淳朴秀美的活力歌词和千变万化的舞蹈队形，赢得世人的喜爱。

近年来，镇平县对《九莲灯》的保护与传承工作做得相当出色。他们不仅通过文化部门的努力，将《九莲灯》纳入非物质文化遗产项目名录，还在传承中不断发展和创新。例如在音乐伴奏上，除了原有的打击乐和唢呐外，还加入戏曲上用的大弦。在内容上，也更加丰富，画面和字面都有所增加，使得《九莲灯》在保持原有特色的同时，更符合现代观众的口味。

此外，镇平县还积极开展非遗展演活动，如在南阳第十八届玉雕节暨文化创意产业大会文旅推介·非遗展演活动中，就有《九莲灯》的精彩表演。这样的活动不仅展示《九莲灯》的魅力，也为传承人提供展示自己技艺的平台，同时也吸引更多年轻人的关注和参与，为非遗项目的传承注入新鲜血液。

一、《九莲灯》的起源发展

《九莲灯》是一种传统的民间舞蹈，它的起源和发展历程充满丰富和独特的历史背景。根据唐代段安节《乐府杂录》记载，字舞起源于唐代宫廷乐舞。由于镇平县、新安县和高平市的《九莲灯》表演中都有字舞这一表演形式，因此众多学者认为《九莲灯》起源于唐代宫廷乐舞。最早的流行区域在福建省的莆仙地区，后来通过三教信徒的传播，逐渐遍布全国各地。

《九莲灯》的舞蹈表现形式非常特别，它通常由八洞神仙为王母娘娘拜寿的故事演变而成，每个角色都持有特定的花灯，如牡丹、荷花、菊花、桃、杏、苹果、石榴等。舞蹈过程中，演员们会通过一系列复杂的动作和队形变换，展现出一种独特的艺术魅力。

随着时间的推移，《九莲灯》经历多次变革。特别是在中华人民共和国成立后，它在内容和表演形式上都进行创新。如今，《九莲灯》不仅是一种传统的民间舞蹈，更是一种深受人们喜爱的艺术形式，经常出现在各种节日和文化活动中。

二、《九莲灯》的舞蹈表演形式及特点

《九莲灯》最开始由九位男演员扮女子，每人拿四朵莲花灯来拼一个造型，并不断变换队形，拼出一系列不同的图形或文字。中华人民共和国成立后，演员改为女生扮演。

音乐由击打乐和人声组成，后加入唢呐等乐器。《九莲灯》主调分为《快对花灯调》《慢对花灯调》《出嫁歌》三个主调，演出时会夹杂一些镇平民歌小调，《金刚调》《呀哟调》《旱船调》。《九莲灯》的唱腔朴实，舞蹈优美，唱词内容与老百姓生产生活紧密相连，具有故事性和趣味性。《九莲灯》每个造型都伴有歌词，每段歌词都讲述一个小故事。如"桥"是牛郎织女的"桥，桥，对上一个鹊天桥，夫妻隔在河两岸，得见面在今宵"的"鹊天桥"；"轿"是"大花轿"，讲的是"谁家姑娘出了嫁，旗罗伞扇打火把，喇叭嘀嘀嗒"的姑娘出嫁情况；"船"是"秋江船"，"塔"是"雷峰塔"。随着时代的发展，"桥"也是"桥，桥，对个武汉大铁桥，汽车火车桥上过，一不晃来二不摇"的武汉铁桥，这说明了《九莲灯》与时俱进，不断创新。

镇平县文化馆的《九莲灯》传承人申敏华女士60多年致力于《九莲灯》的挖掘整理研究，经过多年努力将其规范化、系统化，作曲编创了450小节的《天宫瑶池》《下凡观灯》《对花灯》《不愿回天宫》4个部分的故事情节。申敏华女士带头编排的舞蹈先后获得河南省第五届文艺会演一等奖和河南省第五届音乐舞蹈大赛金奖。2009年，《九莲灯》申报省级（第二批）非物质文化遗产。

《九莲灯》是由九位演员扮作仙女形象，展现在凡间观赏花灯、对花灯的场景。1949年以前，参与表演的是男子，男扮女装，扮作仙女。1949年之后，扮演者由男子变为女子。手拿用六根竹篾扎成六个花瓣骨架、每孔插一片莲花瓣、瓣边相靠的莲花灯。音乐由歌曲、锣鼓点和唢呐曲牌三部分组成。伴奏是打击乐，后来又增加弦乐，使旋律更加流畅，极具美感。舞蹈常用的队形有倒卷帘、龙吊挂、螺旋形等，相应的舞蹈动作发生变化，拼出的画面也发生改变。可以是景，如长城等；也可以是物，如伞、绞剪等；还可以是字，如"天""太"等。这使整个舞蹈具有很强的观赏性。

《九莲灯》舞蹈表演形式特点包括：①表演使用的道具结合莲花的形状进行仿造，并在灯芯中放置特制蜡烛，风吹不倒，舞动不灭。②初期表演者男扮女装，扮作仙女。③音乐优美独具特色，由歌曲、锣鼓点、唢呐曲牌、打击乐、弦乐等融合而成。④舞蹈队形复杂多变，可以变换出景、物、字等。⑤表演内容贴近生活，边歌边舞，有较强的代入感。

三、镇平县省级非遗民间歌舞《九莲灯》的创新策略

第一，非物质文化遗产的保护。镇平县文化部门深入挖掘和研究《九莲灯》的历史背景和文化内涵，通过组织专家研讨会、编写学术论文等方式，进一步明确其作为非物质文化遗产的重要价值。同时，他们还积极争取政府和社会各界的支持，为保护与传承工作提供必要的资金和资源保障。

第二，舞台化呈现。为了适应现代观众的审美需求，《九莲灯》被搬上了舞台，以舞蹈作品的形式呈现。这种舞台化呈现使得《九莲灯》更加生动有趣，也更容易被观众接受。

第三，教育推广。镇平县注重培养和选拔年轻的传承人才，通过举办培训班、开展师徒传承活动等形式，将《九莲灯》的技艺传授给更多的年轻人。这些年轻人在继承传统的同时，也不断创新和发展，使得《九莲灯》在新时代焕发出新的活力。通过在学校开设相关课程，教授《九莲灯》的基本知识和技巧，可以培养年青一代对该舞蹈的兴趣和爱好，从而促进其传承和发展。

第四，文化旅游结合。将《九莲灯》与旅游业结合起来，可以在旅游景点进行表演，增加游客的参与感和体验感，同时也为当地的经济发展作出贡献。镇平县还积极开展《九莲灯》的展演活动，通过举办文化节、艺术展览、演出比赛等活动，让更多的人了解和接触到《九莲灯》。这些活动不仅丰富群众的文化生活，也有助于提高《九莲灯》的社会影响力和知名度。

第五，创新性发展。在保持原有特色的基础上，对《九莲灯》进行适当的创新，如加入现代元素、改进表演形式等，可以使该舞蹈更加符合现代社会的审美趋势。镇平县还加强与其他地区的交流合作，通过互派代表团、共同举办文化交流活动等方式，促进《九莲灯》与国内其他优秀文化的交流融合。这种开放包容的态度有助于推动《九莲灯》在全国乃至全球范围内得到更广泛的传播和认可。

▶ 第四节　镇平县国家级非遗镇平玉雕历史溯源

及其产业发展探究

一、镇平县国家级非遗镇平玉雕历史溯源

镇平玉雕历史悠久，迄今已有 6000 余年的历史，被国家有关部门命名为"中国玉雕之乡"。镇平县玉雕产业的发展历史，大体分为奠基、诞生、兴盛、沉寂、融汇、繁荣、衰微、发展、鼎盛九个时期。

镇平玉雕生产始于新石器时代，后来燕京（北京）、苏州等地的玉雕工艺传入县境。元至明代，玉雕业有所发展，清至民国时期逐渐形成规模，"万户柴扉内，朱砂磨玉玑"。中华人民共和国成立后，受惠于国家保护发展各种工艺品发展的政策，镇平玉雕在国家外贸部门扶持下迅速发展。1956 年，天津口岸派员到镇平指导玉雕生产，现款收购产品。1958 年，南阳以镇平玉雕艺人为骨干组建玉器厂；镇平也建起县玉器厂。接着，石佛寺、晁陂、高丘玉器厂相继成立。自 1959 年起，天津口岸常年派技术员到镇平验收玉雕，转销国外。

进入 20 世纪 70 年代，国家号召恢复传统产品，镇平县组织 30 多名能工巧匠赴天津参加玉器协作会议。1973 年，河南省外贸局在镇平建立玉雕生产基地，镇平成立县工艺美术公司，全县 139 个玉器厂从业人员 5418 人，当年销售 950 万元。次年，县外贸的出口收购中，玉雕占 64.4%，成为河南全省第一个出口收购超千万元的县。特别是改革开放后，镇平玉雕产业有了飞速发展。随着党在农村各项政策的贯彻落实，镇平县委、县政府大力发展庭院经济、个体私营经济和乡镇企业，玉雕业在宽松的环境中凭借人才、技术优势，由小滚大，由弱变强，逐步崛起为支撑和拉动县域经济发展的骨干产业。20 世纪 80 年代，是镇平玉雕的产业化形成时期。一些有着加工传统的地方出现父带子、师带徒、亲朋互带、一人带一户、一村带一片的大普及势头。当时全县 23 个乡镇有 14 个建立玉器厂，小型个体玉雕生产厂家不计其数，玉雕专业村达 100 多个。20 世纪 90 年

代，是镇平玉雕特色经济的形成时期。多种经济成分并存，多条产销渠道共融，形成巨大的规模效应。

为了适应国际经济大环境，树立改革开放的新形象，镇平县按照"玉雕搭台，经贸唱戏，以节会友，扩大开放"的原则，自1993年开始举办"中国镇平国际玉雕节"，2019年4月30日第十六届玉雕文化节在南阳市体育场盛大开幕，国内各个珠宝玉石首饰特色产业基地所在地政府及宝石首饰协会参加节会。

进入21世纪，镇平县突破传统生产方式的束缚，将玉雕产业作为发展县域经济的支柱产业，孵化、创新优势，使其30年跨了三大步，进入产业化发展的历史新时期。根据宛财预〔2018〕162号《关于提前下达2019年中央非物质文化遗产保护专项资金的通知》，按照文件要求切实加强资金管理，专款专用。建成了镇平县非物质文化遗产国家级项目·镇平玉雕传统技艺展览厅，共有20多块展板，目前正在收集、整理资料。如今，镇平县已经形成以玉神公司、神圣公司、开元公司、醒石公司、三富公司、玉之魂公司、博奥公司等规模企业为龙头，以加工小区和专业市场为龙身，以专业村、专业户为龙尾，集原料购进、人才培训、设计研发、雕琢加工、展示销售、文化助推、品牌战略、节会推广、质量检测、旅游观光、宣传推介于一体的完备产业体系，成为全国规模最大、最具影响力的玉雕产销集散地，是我国县域特色文化产业发展的典范。多年来，镇平县玉雕产业年产值稳定上升，从业人数不断增加。

近年来，新一代玉人的文化素质、艺术修养的提高，他们在继承先辈艺术风格的基础上，又借鉴牙雕、木雕、石雕、绘画、雕塑的艺术技法，把文学的意境、戏剧的题材借鉴过来，形成独特的与南北鼎立并峙的巧拙雅俗兼容并包、豪放婉约、融会贯通的现代中原风格：俏丽清新。其代表作有：国家级珍品翠玉"九龙花薰"，现陈列于人民大会堂河南厅；独玉"鹿鹤同春"，已被中国美术馆收藏；双层大型转动翡翠花薰"哪吒闹海"巧用浮雕、透雕、镶嵌技术，玲珑剔透，荣获轻工业联合会工艺美术百花奖。

二、镇平县国家级非遗镇平玉雕产业发展

镇平文化产业的特色是玉文化产业，玉文化产业的重点是玉文化产业园区。

抚今追昔，镇平玉雕加工历史悠久，始于夏商、兴于明清、盛于当代。特别是改革开放后，历届县委、县政府把发展玉雕产业作为强县富民的特色产业，强势推进，"超常规、高起点、大跨度、全方位"地大力发展玉文化产业，把"群众首创、政府推动、市场拉动"深度融合，玉文化产业经历了"集体化、个体化、聚集化、园区化"四个历史发展阶段，率先成为将中国玉文化实现"产业化、体系化、景区化、园区化"的典范，被业界誉为"玉料买天下，玉器卖天下，玉人走天下"的"中华玉都"和"大师摇篮，天下玉源"，使得镇平玉文化产业得到空前发展与繁荣。

镇平先后被国家、省授予"国家级文化产业示范基地""国家级电子商务进农村综合示范县""全国最具特色劳务品牌""中国玉雕之乡""中国珠宝玉石首饰特色产业基地""中国新锐城市名片""全国特色产业百佳县（玉文化产业）""中国电商示范百佳县""河南省电商扶贫先进县""河南省文化改革发展试验区""河南省重点文化产业园区""河南省文化和旅游消费示范区"等荣誉称号。镇平玉雕还被列入国家级非物质文化遗产保护名录和国家传统工艺振兴目录。

（一）镇平玉文化产业的现状

第一，历史最"久"。中国南阳黄山文化遗址是一处距今约 7000 年至 5000 年前的新石器时代晚期大型中心聚落遗址，位于现在的河南省南阳市。其中，"前坊后居"的制玉作坊、保存完整的显示制玉流程的玉石半成品、丰富的玉石器及加工工具等，被文物专家确认为我国目前发现的年代最早的玉石器制作大型聚落。镇平玉文化是南阳玉文化的主要传承发展区，其玉雕加工始于夏商、兴于汉唐、精于明清、盛于当今。1975 年 3 月，在镇平安国城遗址"龙山文化"层出土的两枚"圭形带穿玉铲"，经专家鉴定属夏王朝作品，距今有 4500 多年的历史。历经唐、宋、元、明、清，玉雕产业逐步壮大，渐成气候。清末民初，一代玉雕大师仵永甲的作品曾被定为贡品。中华人民共和国成立后，全县兴办玉器厂，形成国营企业与集体企业齐头并进的良好开端，为镇平玉文化研究与传播，玉雕产业规模扩张、专业人才储备、技术经验积累奠定了坚实基础。

第二，种类最"全"。国内的和田玉、独山玉、岫玉、昆仑玉、蓝田玉等和国外的缅甸翡翠、巴西玛瑙、俄罗斯白玉、阿富汗白玉等多个世界上已知的玉种在镇平均有加工销售，实现由"玉源天下"到"天下玉源"的"无中生有"创造。玉雕产品涵盖摆件类、饰品类和保健类三大系列，题材涉及人物、山水、花鸟、历史典故、现实写意等十多类，是中国玉品种最全的集散地。

第三，规模最"大"。目前镇平已成为全国最大的玉雕加工、销售集散地和玉文化研究传播中心。玉文化产业由试验区发展成河南省文化产业示范园区、特色园区和重点园区。

第四，链条最"齐"。规划建设了玉石智谷、玉之友、国际玉城、天下玉源、玉雕大师创意园、玉文化博物馆、玉雕职教学院、玉雕湾商贸城、玉文化产业园区、中原石雕产业园、中华玉都、华夏玉都等重点玉文化产业项目，从原料采购到设计创意、生产加工、文化研究传播，人才培养，品牌创建、质量检测、宣传推广，市场营销，电商服务、现代金融、包装物流等，形成完整的玉文化产业体系，成为全国玉产业区中产业链条最齐的地方。

第五，电商最"活"。镇平县政府大力推动发展电商产业，努力构建电子商务进农村"五大体系"、增强"五大动力"、强化"五个保障"，建载体、引平台，育人才、建队伍，优服务、培产业，先后建成了淘宝、快手、抖音、拼多多等电商基地，持续催生直播营销新经济，打造消费增长新动力，依托网络直播"带货"裂变效应，激发商贸新活力，催生消费"内循环"，助力县域经济转型升级和跨越发展，培育出远近闻名的玉器电商镇、小商品电商镇、锦鲤电商村、汽车附件电商村等。

(二) 镇平县玉文化产业的做法与成效

1. 打造最大、最具特色、最有潜力的产业

近年来，镇平县玉文化产业广大从业者携手同行，逆势而上，通过转型发展和实施"玉+"发展战略，基本实现从业人员大幅上升，人气商气快速凝聚，市场数量规模不断增加，商户、摊位迅速增多，产业规模不断扩大，产业链条逐步完善，文化内涵日益丰富，市场空间逐步拓展，产业要素快速聚集。

2. 构建现代化产业体系的思维和方向，优化产业结构体系

构建新发展格局的基础是加快建设现代化产业体系，需要推动优势环节强链、短板环节补链、传统环节升链、新兴环节延链，增强产业发展的接续性和竞争力；需要优化产业布局，促进各类要素合理流动和高效集聚，打造具有国际竞争力的数字产业集群；需要发展实体经济，扎实推进玉文化产业新型工业化发展，夯实新发展格局的产业基础；需要深化实体市场建设和市场化发展，建设高标准市场体系，打造具有核心竞争力的现代化产业体系。在这些方面镇平县进行了大胆的探索与实践：

（1）紧跟市场需求，重塑现代化产业体系。随着消费群体和消费理念的转变，90后、00后的消费者更倾向于轻奢、时尚为主流的快销品为主。因此，推动玉雕制作由一般工艺品向艺术品、时尚品转变，对于促进设计、制作的合理分工，充分利用好宝贵的玉石资源，创作出永久的传世佳作，最大限度地提高产品的附加值，具有非常重要的意义。为此，镇平县实施了玉创意创新平台建设工程，解决了设计创新能力不足的问题，推动了玉文化从业者创意创新水平、工艺水平和整体素质的提高。

（2）紧盯业态变化，做好人才结构调整。实现玉文化产业高质量发展，根本的目标是实现产品和服务的高质量，而达到此目标的关键是必须有一大批与此相适应的新型人才。因此，加快了探索新型人才培养模式。目前镇平县的玉雕人才培养已逐步改变了"父带子""师带徒"的传统方式。镇平玉雕对于人才的需求，已经不仅仅局限于设计雕刻人才，而是新型复合型人才，既要培养工艺高超、精工精致的大师化人才，还要培养电脑设计人才、编程人才、电商营销人才、文创人才等新型复合人才。为此，在人才的培养上加快产教融合、产学研融合，推进玉雕人才振兴工程，结合现代学徒制的人才培养模式，与玉雕职业学院相互呼应，打造高层次、权威性、品牌化玉文化人才创意创业基地，为玉产业做大做强提供充足的人才保障。

（3）紧抓现代产业体系内涵，做好产业结构调整。新质生产力的提出，带来的是发展命题，也是改革命题。新质生产力的核心是创新、载体是产业。所谓"新"，是指以新技术、新经济、新业态为主要内涵的生产力。所谓"质"，是强调把创新驱动作为生产力的关键要素，以实现自立自强的关键性颠覆性技术突破为龙头的生产力跃升。这些战略性的高瞻远瞩，对于做大做强玉产业同样具有很强的指导性。为此，镇平准确识变、科学应变、主动求变，坚定信心、迎难而上、攻坚克难，紧紧抓住新一轮科技革命和产业变革机遇，以科技创新为引领，运用新成果、新技术加快玉文化产业高端化、智能化、数字化升级改造，在产业的发展理念、设计创意、运行模式、经营方式等方面实现创新突破，从作坊制作型向智能制造型转变、力促从传统销售向新营销模式转变，收到良好的效果。

（4）紧抢新"风口"，延展产业链条。做强玉料供购、人才培养、设计研发、雕刻加工、智能制造、展示销售、电子商务等核心产业链，实施"玉+电子商务"，使整个产业链"电子商务化"，包括人的观念和思维以及行为习惯；实施"玉+文创"，通过提高产品的文化内涵提高产品质量，打造文创品牌，通过文化营销助力开拓市场；实施"玉+健康养生"，开发新产品，形成新业态，拓展产品结构。做实质量检测、产品包装、物流配送、品牌创立、节会推广、文化注入、旅游观光、宣传推介、酒店餐饮等延伸产业链；实施"玉+旅游"，促进产游融合，引领消费者，开拓市场。加快发展现代金融、数字经济、网络信息服务业等新兴业态，创优玉产业金融服务。探索"玉+现代金融"战略实施途径，依托金融机构，推进玉产品加工产业链金融化。初步形成集原料交易、创意加工、精品展销于一体，智能制造、电子商务、数字技术相辅助，产、学、研相衔接，游、购、娱相融合的新型产业体系。

3. 搭建玉文化产业链条推动产业创新，以产业升级构筑竞争新优势

（1）强化原石市场规范化建设。镇平不产玉，玉石原料全部来自外地，玉石原料是镇平县玉文化产业链的上游，也是产业高质量发展的"头号"瓶颈。做好原石交易市场，占领主动权和领导权，对打造天下玉源的品牌至关重要。因此，镇平聚焦上游，抓住关键，规范玉石原料市场新秩序，抓好玉石的原料采购、原料供应，抓好玉原石市场建设，构建玉石产供销利益联结机制，建设全国规模最大的玉原石交易基地，建设国家级玉石原料交易中心，建立玉石原料竞拍投标场，畅通进口玉料报关机制，积极探索借助南阳卧龙综保区政策优势，形成矿山、市场、公司、综保区四方合作机制，争取玉石原料税收征收、报关程序等

方面的优惠政策，统一从海关入关，分销到县内市场，建立通畅规范的玉石原料进口渠道。

（2）强化招大引强。招引全产业链规模化企业、珠宝文创设计企业、珠宝镶嵌企业等产业链不同环节头部企业到镇平建设发展。加强与中国黄金、周大福等珠宝、玉雕头部优质企业对接联系，争取让以上企业到镇平设立分公司或者将主阵地建设在镇平。加快玉石智谷产业园建设进度和基础设施完善，为招引规模企业入驻提供条件。

（3）强化创意设计。玉雕大师实际上是汇集国学、创意、美术和雕刻的复合型的大师。玉雕产业是文创产业，玉雕创作的过程是文创过程。树立时代思维、精品思维、创新思维，赋予玉雕产品文化内涵、时代气息。围绕"玉+文化创意"，充分利用好镇平玉雕集团和镇平县玉匠大师文化运营公司两个平台：一方面以玉雕大师创意园、南阳工艺美术职业技术学院为主阵地，实施玉雕人才振兴工程，做好玉雕大师、玉雕技术人才的培养、包装、运营，树立镇平玉文化产业大师化、精品化、艺术化品牌；另一方面以玉石智谷、中华玉都为主阵地，培育、招引工业化、规模化企业，引进培育一批电脑设计人才、编程人才、电商营销人才、文创人才等新型复合型人才，打造高层次、权威性的玉产品创意创业基地。同时，加强玉和珍珠、彩宝、陶艺等其他工艺品的跨界互联，通过技术创新、数字赋能，重构产业生态，树立镇平玉文化产业时尚化、标准化、珠宝化品牌，为建设"全球玉文化消费中心"奠定基础。

（4）强化线上线下市场规范提升。推进线下市场规范化管理和线上交易标准化管理，线下市场抓好市场管理的提升，尤其是对石佛寺、杨营和晁陂三镇：一是统一规范提升，分行就市，划行规市，分类管理，明码标价，解决"啥都有，啥都找不到"和"敢看不敢买"的问题。二是树立标杆，对部分杂乱和设施简陋的玉器市场进行升级改造，取消马路市场，一律归店经营。三是市场的分层次管理，规划布局"苏工一条街""徽商一条街""广西珠子加工区"等区域形象明显的专业市场或加工区，特别是石佛寺打造3~5个精品市场，打造3~5个精品街区，根据需求、划定区域打造地摊市场，不沿路摆摊。四是关键区域设置明晰的标志标牌，并制定合理的旅游导图等。五是持续按照"两随机一公开"

工作法，加强玉雕检测鉴定市场的监管。

（5）强化智能制造产业。玉产业本身就是智能制造产业，从行业类别看，过去归属于轻工业和手工业；从产品属性上看，玉产品既有工艺美术属性，也有文化属性，所以玉产业既是服务业，更是加工业。尤其是雕刻过程中，从开始的手工到现在的借助机器加工，未来必将走向智能化。鼓励大师个性化创意，也围绕标准化、工业化、电商化的发展方向，围绕时尚消费走标准化、工业化之路，加快推进"玉+智能制造"，加强与先进智能设备研发企业合作，共建智能雕刻装备生产线，设计研发和生产组装智能雕刻装备，为智能雕刻工厂扩容提供工业基础，加快实现玉产业工业化步伐。

（6）强化文旅引领。进入新发展阶段，文旅文创产业"新风口"不断涌现，带来许多机遇性、竞争性、重塑性变革。省委、省政府把文旅文创融合战略作为"十大战略"之一，在2023年的全省文旅文创发展大会上楼阳生书记强调，深刻理解实施文旅文创融合战略是坚定文化自信、赓续历史文脉的具体行动，是扩大内需拉动消费、培育新的支柱产业的迫切需要，抢抓机遇、乘势而上，推动形成文旅文创深度融合新格局。镇平主动顺应新趋势，抢抓新"风口"，积极贯彻落实南阳市文旅文创高质量发展大会精神，以玉为媒，文创驱动，文旅联动，探索并推动各类创新资源向"风口"产业集聚，传统产业向"风口"产业关联转型，助推文旅文创产业转型升级。

4. 为玉文化产业蓄积发展动能

（1）推进玉产业的标准化。通过标准化的制定、标准化的发布、标准化的产品研发、标准化的产品生产、标准化的工业化，来谋划推进一批项目。譬如，玉雕节期间发布的玉雕指数，就是个很有意义的项目。

（2）推进玉产业的健康化。围绕"玉+健康"谋划项目，开发玉产品，推进健康养生。现在市场上已经研发了一批玉产品，比如玉碗、玉筷、玉茶杯、玉书、玉枕、玉席、玉保龄球等，都是健康产品。结合养生保健知识、玉石的功效与作用、玉石保健品的研发和应用，探索以玉为主题开发健康养生系列产品，让高端养生消费群体睡觉躺玉床、吃饭用玉碗、喝茶用玉杯、洗澡用玉浴，品鉴玉文化，把玩玉产品，交流玉艺术。2023年玉雕节期间组织的玉+健康养生论坛活动，邀请到国内行业领域的权威专家，提供一些新思路，为下一步吸收运用提供智力支持。

（3）推进玉产业的珠宝化。玉不一定非得做成摆件、把件、挂件才有市场，做成珠宝更有市场。因此，积极探索，加强与周大生、金六福等知名珠宝企业的对接，共同参与产品的设计、创新、推介、展销。从设计创新入手，突破传统玉雕思维方式制约，针对不同消费群体，创新设计语言，推动传统玉雕作品和时尚设计、时尚创作、时尚元素相融合。

（4）推进玉产品的艺术化。围绕玉产品艺术化，加强与中国地质大学（武汉）珠宝学院、天津美术学院、西安美术学院等高校衔接，大力培养设计创新型人才。同时，县里积极研究细化政策，支持参与国际珠宝展、深圳文博会、上海珠宝展、郑州珠宝展等全国性玉雕行业盛会。

（5）推进玉产品的品牌化。品牌的力量、品牌的作用非常大。坚持实施品牌建设战略，发挥品牌引领作用：一方面，巩固"中国玉雕之乡""国家级文化产业示范基地""河南省文化改革发展试验区""国家级非物质文化遗产保护名录"和国家传统工艺振兴目录等传统品牌及荣誉；另一方面，强化和主推"中华玉都、千年商都、将军故里、锦绣镇平"城市品牌、"镇平玉雕"中国地理标志品牌、"镇平玉雕"产业品牌、"镇平玉雕 国家非遗"文化品牌、"天下玉源 大师摇篮"产业品牌、"镇平玉雕师"全国最具特色劳务品牌、"豫工"玉雕流派品牌；支持打造"镇平石佛寺""玉石智谷""言石小镇""玉雕特色小镇""珠宝文创基地""传统文化村落"等地域和项目品牌；支持打造嘉豪、玉神等知名玉雕企业品牌；等等。

5. 牢固树立创新意识，推动文化产业高质量发展

（1）履职尽责抓落实。一是有知责之心。玉文化产业的发展是各级各相关部门特别是领导干部的应尽职责。在发展的进程中都能找准定位，积极作为。二是有履责之行。把建设"中华玉都""如花似玉锦绣镇平"的美好蓝图变为现实，不只是喊口号，关键是能够做到脚踏实地、埋头苦干，扎实地工作，务求实实在在的成效。

（2）创新举措抓落实。在文化产业发展的过程能够不断发现问题，解放思想、转变观念，更有担当，碰到问题敢于攻坚克难，用新的理念、新的方法解决困难，落实各项工作任务。

（3）完善机制抓落实。县里成立高规格的玉文化产业领导小组和文旅文创高质量发展领导小组，这两个小组充分发挥好统筹作用，建立联席会议制度，加强对玉产业和文旅产业发展的统筹、协调、督促、指导，切实发挥牵头揽总作用。各相关单位和乡镇街道成立工作专班，明确专门领导，落实具体任务，切实发挥各自优势，谋划工作、谋划项目，强力推进玉产业和文旅产业融合发展，走产业支撑、产城一体、文旅联动、城乡融合、生态宜居的发展之路，引领和推动镇平县玉文化产业高质量转型发展。

（三）镇平县发展玉雕产业的具体策略

1. 选择文化主导产业

主导产业确定的前提是，充分挖掘、整理和利用好本县的文化资源，把自然禀赋和文化资源优势转化为竞争优势、经济优势、发展优势，加快由文化大县向文化强县转变，这是增强县域实力、竞争力的源泉活力和潜力所在。镇平县是著名的中国玉雕之乡、地毯之乡、玉兰之乡、金鱼之乡、丝绸之乡、民间艺术之乡，最终确定把玉雕产业作为主导产业来发展，是市场选择和政策引导的综合结果。从其实践来看，有四个基本参考标准：文化消费市场是否足够，特色文化资源是否深厚，相关产业基础是否具备，产业拉动能力是否明显。

相关产业基础的存在是为了保证特色文化产业具有一定的生产与供给能力。丰富的玉文化历史积淀，加上镇平人的聪明能干，电动车床和钻石工艺替代了原始的加工工具，生产效率显著提高；开采技术的改进，交通条件的改善，使镇平玉雕的料源由独山玉、岫玉扩展到碧玉、水晶等多个品种，产业规模、从业人员、业界认可度等各方面都具备相当好的基础。持续繁荣的玉雕经济已成为镇平富民强县的主导产业和当地广大群众的主要收入来源。从现实来看，镇平县以玉为媒，带动相关产业的发展，如利用玉雕的技艺和客流资源，镇平县的石雕、玛瑙交易等产业开始呈现蓬勃发展之势。

2. 创新管理体制与机制

文化行政管理体制改革是文化体制改革的核心内容，也是真正的深水区，其中文化主管部门的机构设置是重要内容之一。为了加强对玉雕产业的引导、开发和管理，提升全县玉雕产业水平，镇平县委、县政府在 2000 年 5 月成立中国第一个玉雕管理局——镇平玉雕管理局，并作为专门的常设性政府机构，相关乡镇也相应成立玉雕产业管理办公室。玉雕管理局的设立，有效解决玉文化产业多头管理的问题。2012 年，副处级的镇平玉文化改革发展试验区管理委员会成立，为镇平县玉雕产业向玉文化产业发展进一步奠定组织基础。

玉雕管理局主要职责：第一，搞好玉雕产业普查澄底、分类分户建档，编制全县玉雕产业企业名录、编制玉雕产业发展规划。第二，协调有关部门，核定生产企业和加工户、经营门店的规费标准。第三，搞好市场预测，提供生产、销售信息。第四，帮助企业考察项目，引进资金、技术、人才。第五，协调有关部门对玉雕产品实施质量技术监管。第六，组织玉雕产品海内外展销活动，并提供统一的宣传包装。

目前，镇平县与玉雕产业直接相关的机构有县委宣传部、县玉文化产业领导小组、县玉文化改革发展试验区管理委员会、县玉雕管理局、乡镇的玉雕产业办公室，相关机构有文化局、广电局、旅游局、工艺美职专等单位。其中直接相关的管理机构规格很高，从而保证玉雕管理工作的权威性和相关决策的有效执行。如县玉文化改革发展试验区管理委员会由县委书记负责，目前主任由县政府党组成员担任，县玉文化产业领导小组组长由县人大常委会主任担任。发展至今，镇平县玉雕产业已经形成以县委宣传部为领导、玉雕管理局具体负责、相关局委积极配合、宝玉石协会自我监督的管理机制。重大事项由县玉文化产业办公室和试验区管委会牵头组织协调，具体操作由玉雕管理局负责实施。

3. 加强文化产业人才建设

提高从业人员素质，培养后继人才是县域特色文化产业发展的重中之重。镇平的玉雕产业强在玉雕加工，玉雕加工的核心竞争力在于大量优秀玉雕人才的存在。因此，人才是镇平玉文化产业发展的核心。镇平历来重视玉雕从业人员的素质提高和后继人才的培养，以帮助新一代的玉石雕刻者树立创新进取的信心，增强老一辈玉石雕刻者坚持创作的决心。多年来，镇平县涌现出一批勤于学习、敢于创新的玉雕大师，创作出一大批在国内外享有盛誉的作品，树立镇平玉雕在中国玉雕界的良好形象。在中国玉雕界有一个说法"十万大军出镇平"，指的是镇平的玉雕师傅技艺精湛，遍布全国各地。

4. 加强特色文化的研究与传播

多年来镇平县全面开展玉文化挖掘整理、开发研究工作，政府与企业结合，匠人与文人联手，传统文化与现代文化并重，东方文化与西方文化兼顾。镇平玉雕相关的研究机构有镇平县玉文化研究会、南阳独山玉文化研究会、南阳独山玉雕刻研究所、南阳师范学院独山玉文化产业研究中心等。

在文化传播方面，镇平县依托"中国玉雕之乡""中国玉雕新锐城市名片"等金字招牌，加强与国内强势媒体合作，加大镇平玉文化产业的宣传推介。《人民日报》《河南日报》《南阳日报》等多家媒体都曾专题宣传报道镇平县玉文化产业的发展经验。在县内编纂《玉乡千秋》《玉独神光》等书籍，创办《镇平玉文化》杂志。

此外，镇平县积极参与并组织中国南阳玉雕节，精心组织玉雕精品展，组织业内人士参与"天工奖""百花奖""陆子冈杯"评选，进一步提高镇平玉雕的美誉度、知名度和影响力。

5. 引导多行业多业态融合

镇平县采取多种举措，推动玉雕产业向玉文化产业的转变。以产业基地建设为抓手，突出"原石交易、产品加工、产品销售，游购娱，产学研"三条主线，统筹做好文化与产业两篇文章，积极构建集原料交易、设计加工、产品销售为一体的产加销体系，集旅游度假、特色购物、休闲娱乐为一体的游购娱体系，集生产研发、教育培训、文化挖掘为一体的产学研体系。

近年来，镇平县确立"大旅游"理念，以玉文化为核心，重点打造玉文化旅游，把博大精深的玉文化植入旅游产业，使玉文化渗入旅游业的方方面面，并把玉器市场的经营管理规范起来，和周边旅游景点连接，形成玉文化旅游产业链，同时围绕食、住、行、游、购、娱等各个环节，打造在全国独具特色的玉文化旅游区。镇平县将该旅游区以全国特色景观旅游名镇——石佛寺镇为核心，以赵河玉文化景观带为主轴，以晁陂、王岗、杨营、玉都、雪枫六个乡镇为基点，形成"一带六点"约30平方公里的大型综合旅游区。

投资30亿元打造的国际玉城兼具全球最大的玉器及相关工艺品批发基地、全球最大的玉文化研究展示中心、国际性旅游购物公园、大型影视基地等综合特性，打造出全球最大的明清仿古建筑群，目前已成为镇平县首家国家4A级旅游景区。天下玉源整体建筑仿汉代长安城，玉料市场上出现"车流如龙，大车小车运料急"的场面。中华玉文化博物馆是全国玉雕行业唯一的专业博物馆，充分体现玉文化的历史性、知识性和艺术性，深刻诠释美丽、丰富、神奇的玉文化内涵，集中系统地展现中华玉文化发展史和玉器、玉雕工艺的演绎史。

此外，景区内还有豫西南陈赓指挥部旧址、红庙山农民起义旧址、元末明初石佛寺庙等历史文化遗迹。丰富的人文景观和现代园林景观，与玉雕专业市场连成一片，形成玉雕湾独特的风景。玉雕湾旅游区作为玉文化旅游核心区的石佛寺镇以文化创新为灵魂，以新型城镇化为引领，走产业支撑城镇、文化提升产业、旅游带动三产的"三化"协调科学发展道路，使产业、市场、城镇、旅游四位一体，同步发展。伴随着玉雕产业的发展，奇石、古玩、字画、瓷器、骨雕、角雕、铜制品等旅游工艺品也迅速崛起，丰富石佛寺珠宝玉雕业的内涵，成为全国最大的以玉雕为主、其他珠宝古玩为辅的旅游工艺品批发基地，文化与科技融合已经成为实现文化产业整体升级转型的重要突破口和指导思想。

镇平县以县技术监督局为依托，建立镇平县质量检测中心。镇平县先后在10多家玉雕重点企业建立科研机构，引导、鼓励企业和技术人员用现代工艺嫁接改造传统工艺，主攻科技含量高、艺术价值高、投入产出率高的"三高"产品，先后引进超声波、激光雕刻、浮雕、镶嵌、电脑三维设计等多项新技术，工艺水平明显提高，用现代科技设计制成的能遥控自动斟酒的"鸳鸯转心壶""康熙九龙杯"等多项玉雕产品荣获国家专利。

6. 提供针对性的金融服务

县域金融业不断探索适应特色文化产业发展的授信模式，成立特色服务的专营机构，设立文化产业行业团队，有针对性建立特色支行，探索开发专业化的产品及服务，为当地文化企业提供快速的审批渠道和金融产品服务方案。在镇平玉雕产业的发展过程中，当地银行提供的特色金融服务起到不可替代的作用。以中国农业银行河南南阳分行为例，该行结合镇平县玉雕产业发展实际，针对不同客户类型，分层进行信贷支持，以服务"三农"为重点，加大信贷资金投放，推进玉文化产业发展，助力农户加工玉器增收。在发放区域上，该行以玉雕加工村为重点，以"整村推进"和"绿色通道"的方式推广普及惠农卡和农户小额贷款。

镇平县坚持把民营经济作为发展县域经济的主体力量，全面放开经营领域，引导民营企业参股、控股、收购、租赁县属国有集体企业，广泛吸纳民间资本参与投资和竞争，支持金融资金向民营经济倾斜，再加上市场准入、资金通融、权益保护等优惠政策为民营资本创造公平、公开、公正的市场竞争环境，使得民间资本也积极参与玉雕产业发展玉雕，民间投资日趋活跃，如玉雕湾大师园、国际商贸城、国际玉城、天下玉源等大型项目的建设都有市场拉动、民间投资的因素。在保险市场，现在也有了玉雕生产者诚信贷款的尝试，金融服务平台在未来将更加完善，为镇平玉雕业的腾飞提供更多的资本支持。

7. 打造特色节庆平台

特色节会作为对外开放的载体、招商引资的平台、展示形象的窗口和人民群众的节日，对促进县域特色文化产业和县域经济的崛起到十分积极的作用。镇平县重点打造的玉雕节成为提高镇平"玉乡"知名度、弘扬玉文化、促进玉雕上档升级和以节会友、招商引资的重要平台和载体。

20世纪90年代后期镇平逐渐开始建设玉器交易大棚，1993年镇平举办了第一届国际玉雕节，每年一届，历时6天，至2001年已成功举办八届玉雕节。2002年升格为南阳市主办，更名为"中国·南阳（镇平）玉雕节"，至今已成功举办10届玉雕节暨国际玉文化博览会。其中，镇平县作为节会的分会场，承担着玉雕节文化活动的筹备实施任务，在此平台上以玉为媒、扩大开放、招商引资，加强交流、深化合作，实现玉雕业的科学发展、跨越发展。

玉雕节期间，国内外的玉雕界专家学者会集镇平，共同研讨玉雕理论、切磋玉雕技术、传播玉文化知识，提升玉文化研究的层次和品位。其间的主要活动有文艺表演、中华玉文化研讨会、玉雕精品展评会、拍卖会、全国宝玉石协会换届会和经贸洽谈会和招商引资活动等活动，从 2013 年第 10 届开始增设中国玉石雕刻"玉华奖"评选活动、中国玉雕大师年会（南阳论坛）。玉雕节吸引海外和全国宝玉石界以及各界人士的广泛参与，并汇集各地玉雕方面的优秀成果和玉雕精品参赛，产生良好的社会效益和经济效益。历届玉雕节都会受到《人民日报》、新华社、中央电视台和《农民日报》《河南日报》《美国侨报》等数十家新闻媒体的重点关注。

中国南阳（镇平）国际玉雕节的最大特点是：规模大、档次高、展出品种多、客商范围广。玉雕节使镇平县有效地交流技艺、推出精品，把"玉文化"融汇到玉产业中，提升产业发展的技术层次和文化内涵，推进产业科技创新、文化创新，将文化品牌转化为现实生产力，从而形成强大的竞争优势。

在玉雕节期间，镇平利用玉雕这个品牌，对镇平县各类商品进行全面推介，展出商品除玉雕产品外，涉及医药、纺织、建材、电子等 30 多类 600 余种产品，为当地各类企业提供一个展示产品、引资合作的平台，带动其他各类经济的发展。

8. 多渠道对外输出

全球化条件下的市场竞争，已经不再简单地表现为企业与企业之间或各个集团公司之间的竞争，而通常表现为在区域间经济和社会整体环境下的产业竞争，表现为区域间企业群总体态势的竞争，乃至区域间经济社会综合实力的竞争。因此，在市场竞争日趋激烈的环境下，县域发展特色文化产业也要重视加入全球生产与销售体系。

民营经济是改革开放的过程中出现的新生事物，具有竞争性、灵活性、广泛性、多元性的特征。民营化是建立社会主义市场经济体制的必然趋势。县域是中国民营经济特别活跃的地区。镇平民营经济萌发早、起步快、有基础，先后经20 余年的历练发展，已成为县域经济最具活力的支撑点和增长点。目前，镇平县民营经济在其县域经济总量中占据着"三分天下有其二"的主导地位，是全县经济的主体、税收的主体、投资的主体和就业的主体，成为全县经济发展的主要支撑、城乡居民增收的主要渠道和工业化、城镇化的生力军。玉雕湾民营小区，个体私营企业户数量、规模、效益均居于镇平县十大民营小区之首，被评为河南"省级东西合作示范区"，成为带动镇域经济发展的龙头。

（四）未来镇平玉雕产业发展提升的建议

未来镇平县要以争创国家级文化示范园区为中心，推动实现玉文化和玉产业加速融合，进一步丰富和完善集原料交易、设计加工、产品销售为一体的产加销体系，集旅游度假、特色购物、休闲娱乐为一体的游购娱体系，集生产研发、教育培训、文化挖掘为一体的产学研体系，在产业升级、文化弘扬、品牌创建、管理服务上不断优化转变，从而为镇平玉雕产业搭建更加广阔的发展平台提升空间，保持和巩固镇平玉文化产业在全国的领先地位。

1. 主体扩散，突破县域

随着社会主义市场经济的逐步发展与完善，县域经济要在顺应国家宏观经济政策走向的同时，适时突破县级行政区划的约束，在更大的区域内进行资源配置，进一步获得竞争优势。县域经济的开放性正是在其自然经济属性被市场经济属性取代的过程中得以不断显现的。由于特色文化涵盖的地理范围往往不与行政区域完全吻合，其辐射范围有大有小，因此县域发展特色文化产业更应遵循这一科学思路。县域特色文化产业的主体扩散，目的在于突破县域空间的限制，从形式上包括地理范围的扩大和产品载体的丰富。南阳玉雕产业的基本群体在镇平，但是由于镇平长久以来的优势是玉雕，在市场拓展、文化传播等方面实力还不够强，加之经济基础还不够雄厚，因此必须借助于南阳独山玉和河南的大平台来实现更大的发展。

（1）依托独山玉。南阳独山玉，又称独玉、南阳玉，是中国四大名玉之一。它既有白玉滋润细腻的质地，又有翡翠艳美的俏色，在庞大的玉石家族中，独山玉是唯一具备玻璃光泽和油脂光泽的品种，也是唯一一个没有重复，没有相近、相似的玉种。独山玉更独特的地方，还在于其特殊的成矿原因，各种着色离子的相互浸染，形成千变万化的多色美玉，最适合制作俏色作品。

独玉花色品种繁多，有赤、橙、黄、绿、青、蓝、紫等 30 多种色彩类型，色泽鲜艳，硬度高，光泽好，质地细腻，透明度高，是雕琢玉器的上好原料，可同翡翠媲美。其雕刻技法或洒脱挺拔，或清灵俊雅，或朴茂丰厚，或遒劲稳健，或老辣沧桑，充分运用圆雕、镂雕、透雕、浮雕、链雕、平雕等工艺，独山玉是中原先民开发最早的玉石，其开采始采于夏商，盛于汉唐，精于明清，粹于当今。独山玉的主要特点是多彩和奇形，其文化底蕴是中原文化。"谁将玉笛弄春华，帝乡南都七彩霞，黄山先民遗玉铲，天彩祥和颂华夏。白水东环绿城新，玉都宛城多名家，独山玉厚又独步，读玉和谐润华夏。"这首诗道出独玉的前世今生。20 世纪 50 年代以后，独山玉再次兴盛，成为河南省玉雕产业的主要原料之一。

独山玉独特的物理、地理特性决定其经济优势，而镇平又因为拥有独山玉这种独特的资源，才造就她在中国玉雕业发展中的有利地位。独山玉对镇平玉雕文化具有重要的启蒙作用，把"中国玉雕之乡"扩展成"镇平·南阳·大玉乡"的概念，让独山玉走向全国市场走向国际消费，是独山玉的发展方向，也是镇平玉雕的发展目标。

独山玉在市场上由来已久，但独山玉雕刻是在近五年来逐渐走向成熟的，市场突破也才刚刚开始。独山玉的稀缺性和珍贵性，加上借助每年玉雕节会的广阔平台，使得越来越多的人开始喜爱并收藏独山玉。目前，南阳独玉的大师们非常有实力，但还没有获得像海派大师那样的市场地位，整个市场也低估河南玉雕力量。而改变这一不利现状的关键就是独山玉，因为镇平玉雕以及河南玉雕的特色和独特语言是独山玉，独山玉雕的力量大不大，决定河南玉雕的影响力。过去独玉雕刻模仿的东西多、创新少，其雕刻方向并不明确。现在，独山玉雕刻已经从自身玉料以及本土文化出发，逐步形成自己的语言体系，创作符合独山玉独有特征的作品，南阳独玉文化加上镇平玉雕文化，会产生一加一大于二的效果，会造就更多大师级的人物和经典作品，进而引发社会对独山玉以及河南势力的重新解读。

镇国玉器元代的渎山大玉海，是中国历史上出现最早、重量最大的巨型玉雕，是中国划时代的艺术珍品，也是世界宝玉石业发展史上罕见的杰作。诞生700多年来，人们对其玉料的品种一直争论不休。最终在 2004 年 5 月，由 20 多位国家级专家组成的鉴定委员会认定其玉质为南阳独山玉。鉴定结果被媒体公之于世，极大地提升独山玉的地位。2011 年 12 月，镇平玉雕大师张克钊先生首次以雕刻独山玉而获得中国玉石雕刻大师称号，显示出独山玉具有创造新时代的潜力。

（2）依托中原经济区。中原经济区是以全国主体功能区规划明确的重点开发区域为基础、中原城市群为支撑、涵盖河南全省、延及周边地区的经济区域。玉文化作为华夏文化重要组成部分，发展玉文化产业高度契合河南省当前发展趋势和发展政策，既是对华夏文化的弘扬，也是支持中原经济区建设的举措。镇平玉雕应该利用好"中原经济区"的区域国家战略，借助中原经济区"华夏历史文明传承创新区"建设的重大历史机遇，把弘扬中原文化与打造中华玉都紧密结合起来。

目前，河南省已基本形成南阳、镇平、新密三大玉雕产业集聚基地，同时随着河南区域经济的发展，在以上三大基地的带动下，又兴起安阳、尉氏、洛阳、周口等新兴玉雕加工聚集区。镇平玉雕要实现更大突破，必须利用好河南在我国玉雕产业中的优势地位以及从中央到省市的相关扶持政策，努力使其成为河南和中原文化的名片。

2. 提升文化品位，开发高端市场

由于玉器加工以及玉文化在中国有着深厚的底蕴积淀，玉又具有典型的中国特色元素，因此玉雕产品具有成为奢侈品的巨大潜力。我国历来有"黄金有价玉无价，藏金不如藏玉"之说。在国家大力发展中国特色文化产业的趋势下，我国玉文化产业发展前景广阔，尤其是近年来玉石收藏开始走出以往因历史原因造成的市场空白期，逐渐走进百姓家，被百姓所认识和了解，形成具有不同规模、不同层次的交易市场，购买群体逐年递增。玉器的价格在近年来也呈明显涨势，翡翠、和田玉这些收藏家喜爱的品种最近两年年均升值30%左右，但同是我国四大名玉之一的"独山玉"同期升值幅度则20%不到，同收藏热门和田玉、翡翠等相比，独山玉则还没有经过热炒，存在着明显的价值洼地。

镇平玉雕过去的产品附加值不高，文化内涵欠缺，加上恶性竞争、粗制滥造，甚至蓄意造假，破坏整体的诚信形象和后续市场。镇平玉雕因此曾一度被认为是档次低、附加值低、加工粗糙的"地摊货"。针对这一制约玉雕产业发展的状况，镇平县以"上档升级"为目标，将现代科学技术、传统文化、现代文化转化为现实生产力，实行品牌战略，打造镇平玉雕产品核心竞争力，还投资12亿元建设专门的高档玉雕交易市场"国际玉城"。从现实来看，已取得不错的效果。

县级特色文化产业园区不能一味强调做大做强，而是要提升文化品位，提升产品档次，推动产业升级。受各种条件所限，"扬州的工艺在精，镇平的产品在广"。目前镇平玉雕具有相当高的品牌知名度，但品牌美誉度不够，文化品牌的升级与建设有待进一步加强。对镇平玉雕而言，目前企业与个人高端订制产品缺乏，所以从产品层次上开发企业与个人高端订制产品，打造本土奢侈品品牌是必然选择。利用镇平与南阳历史悠久的玉文化，用特有的故事、考古挖掘的文物来丰富品牌内涵、提升品牌实力，发展理念上要从做大做强要转向做精做深。

随着经济发展对人力资本的依赖程度不断提高，人才和高素质劳动力对经济发展的主导作用日益凸显。一般说来，县域劳动力资源丰富，但科技人才、经营管理人才和高素质的劳动力缺乏，文化融入市场也需要一批了解市场、有敏锐经营视角的职业经理人。高端人才稀缺，尤其是谋划和经营性人才匮乏，是当前镇平玉文化产业发展的瓶颈。因此，从人才建设上要重点培养玉雕产业的高端人才。

3. 积极开展形象授权合作

县域特色文化产业普遍品牌经营与管理状况较差，更加需要挖掘品牌授权的金矿，借助于产品品牌和区域品牌的强强联合，扩大品牌效应，提升特色文化产品的传播力。镇平玉文化产业最核心的竞争优势在于精湛的玉雕工艺和门类齐全的玉雕产品。如果和时下流行的动漫、影视作品相结合，必然会成为文化消费的一大热点。把动漫、影视形象的品牌效应转移到玉雕产品上，可以进一步提高玉雕产品的文化附加值，为企业创造可观的经济效益。

在镇平玉雕局的指导下，由镇平县宝玉石协会成立专门的动漫、影视等作品的形象授权合作机构，统一为本县相关企业协调开展版权合作服务，打造综合性版权合作平台。对玉雕生产者来说，学会在市场经济中利用知识产权法的相关规则，既与已有形象积极开展合作以实现双方共赢，又能用法律武器维护自己的知识产权。

4. 注入创意元素与时代内涵

县域特色文化产品，应积极主动地求变求新，实现自我增值。在保护和利用好历史文化的同时赋予现代文化气息，才能逐步形成现代文化产业。对镇平县而言，产业要由玉雕产业向玉文化产业转变，产品要由工艺品向生活品、艺术品转变。作为载体承载的内容应与时俱进，传统民俗内容需要注入现代内涵，如和著名动漫形象、武侠形象相结合，将深厚的玉文化融入时尚元素，以增加产品附加值。产品设计创意应追求观赏性与实用性的统一，还要研究西方人的审美观，投其所好，因地制宜。

一般而言，消费者并不是从原材料的稀缺性来认知和接受玉雕产品，而是通过作品流露的文化气息和艺术气息。因此，提升玉雕文化内涵，强化自己的独特风格，是玉雕产品开发的重中之重。创意能力是决定镇平玉文化产业未来市场地位和竞争力的核心。以创意设计为引领，推动玉文化产业链的全面升级，把镇平建设成为玉文化产业的创意中心，这对于镇平玉文化产业的长远发展具有举足轻重的意义。高超的玉雕技术与独特的创意内容相融合，会产生意想不到的效果。加大影视宣传力度，尝试区域植入式广告，投入资金拍一部精品力作，一是电影本身有卖点，可产生经济效益，二是作为镇平玉雕的最佳广告宣传片，结合玉石特色，还可搭配玉石销售、爱情优惠券等市场策略。

5. 借助资本市场进行整合升级

近年来，镇平县通过园区带动，促进包括玉雕生产作坊在内的民营经济逐步向群体规模、区域集约经营转变，但企业规模总体上并没有明显改观。面对着前所未有的历史机遇，快速发展的玉雕产业正在产生大量的融资需求，现有的金融服务，迫切需要金融资本加快与玉文化产业对接。

镇平县的金融机构应支持当地玉雕相关企业努力拓宽融资渠道。引导更多的社会资金投放到玉雕产业的发展中来，并将特色文化产业对资金的巨大需求与多元化的融资渠道结合起来，推动符合条件的文化企业上市融资，鼓励符合条件的文化企业根据自身的实际情况，通过债券市场发行企业债、公司债、短期融资券和中期票据等方式进行融资，大力发展多层次的资本市场，扩大企业的直接融资规模，借助产业资本与金融资本的有效融合，更好地激活镇平玉雕的文化生产力。

参考文献

[1] 陈爱国. 乡村振兴与非遗保护：文化遗产传承人的日常实践研究 [M]. 上海：上海交通大学出版社，2022.

[2] 黄丽. 新时期群众文化研究 [M]. 宁夏：宁夏人民出版社，2014.

[3] 李燕，罗日明. 中国非物质文化遗产 [M]. 北京：海豚出版社，2023.

[4] 王文章. 非物质文化遗产保护研究 [M]. 北京：文化艺术出版社，2022.

[5] 闻静. 现代群众文化策划工作实务 [M]. 北京：中国纺织出版社，2021.

[6] 谢桂领，许珏芳，何立营. 文化工作与群众文化建设研究 [M]. 长春：吉林人民出版社，2020.

[7] 杨文斌. 非物质文化遗产的传承和保护 [M]. 北京：北京工业大学出版社，2021.

[8] 尹华光，覃业银，尹美菊. 非物质文化遗产评价与鉴赏 [M]. 长沙：湖南大学出版社，2022.

[9] 周爱宝. 群众文化基础知识 [M]. 北京：高等教育出版社，2004.

[10] 白景锋. 传统产业集群升级的地方政府行为研究——以镇平玉雕产业集群为例 [J]. 科技管理研究，2011，31（15）：28-30+35.

[11] 白小平. 发展玉文化产业的思考——以镇平县为例 [J]. 中国集体经济，2016，（24）：111-112.

[12] 柏贵喜，王通. 我国非遗传承保护的标准体系构建 [J]. 中南民族大学学报（人文社会科学版），2020，40（04）：52.

[13] 边媛. 论非物质文化遗产保护中的主客位方法 [J]. 江西社会科学，2020，40（07）：239-245.

[14] 才让东珠. 探索群众文化与非遗保护有机整合的有效策略 [J]. 参花（上），2023，（03）：134-136.

［15］陈菲. 新时期群众文化活动策划的路径探析 ［J］. 参花，2024，（09）：137 －139.

［16］陈丽凤. 全面深化改革与群众路线价值文化引领 ［J］. 理论与改革，2014 （6）：42.

［17］陈一鸣，韩郁涛，王少雄. 基于 AR 技术的非物质文化遗产数字化传承应 用 ［J］. 中国民族博览，2023，（05）：97-99.

［18］端学非. 借力新媒体发展群众文化 ［J］. 云端，2024，（16）：26-28.

［19］冯永康. 浅析非遗数字化保护研究 ［J］. 百花，2020，（04）：48-49.

［20］高静. 非遗传承保护与群众文化工作融合的有关思考探究 ［J］. 参花， 2024，（11）：143.

［21］黄连飞. 群众文化活动的实践与思考 ［J］. 大舞台，2010（10）：170.

［22］冀志明. 镇平玉雕历史溯源 ［J］. 科学之友（上旬），2011，（08）：8-9.

［23］金爽. 民间歌舞在新媒体时代下的传承发展——基于对镇平县九莲灯歌舞 的田野调查思考 ［J］. 明日风尚，2022，（10）：21-24.

［24］康洪瑞. 基于"非遗"的群众文化活动创新研究 ［J］. 参花，2024， （08）：137.

［25］李光辉. 对群众文化活动中老年合唱辅导的探讨 ［J］. 现代交际，2013， （09）：79.

［26］李倩茹. 新形势下群众文化工作的创新发展研究 ［J］. 牡丹，2023，（12）： 120-122.

［27］李新珂. 镇平玉雕"口诀心法"中的语言特质与审美情趣探究 ［J］. 郑州 轻工业大学学报（（社会科学版），2022，23（02）：85-92.

［28］李延秋. 群众文化活动的构成浅析 ［J］. 戏剧之家，2016（9）：241.

［29］刘兵. 乡镇群众文化发展的现状及策略 ［J］. 参花，2024，（11）：158 －160.

［30］刘芳. 非物质文化遗产产业化传承路径研究 ［J］. 技术经济与管理研究， 2023，（12）：102-105.

［31］刘志桢. 浅析文化馆开展群众文化活动的创新思路 ［J］. 参花，2024，

（11）：155-157.

[32] 马连波. 非遗文化保护传承在农村群众文化活动中的作用 [J]. 农家参谋，2022，（21）：4-6.

[33] 孟莹. 新形势下文化馆群众文化工作的创新发展研究 [J]. 参花，2024，（10）：146-148.

[34] 娜尔纳. 以群众文化促进非遗的保护 [J]. 文化产业，2024，（01）：16-18.

[35] 裴海燕. 扎根家乡终不悔一片痴心在玉中——对话中国非物质文化遗产镇平玉雕传承人仵海洲 [J]. 宝藏，2013，（07：142.

[36] 邱萍. 再论非物质文化遗产保护标准若干问题 [J]. 中国标准化，2023，（12）：31-35.

[37] 邵一笑，蒋姗姗. 传播学视阈下的非物质文化遗产"活态化"传承研究——以短视频为例 [J]. 中国传媒科技，2022，（11）：87-89+105.

[38] 史维涛. 群众文化活动的策划与创意分析 [J]. 文化产业，2019，145（24）：49.

[39] 司岩. 河南洛阳与南阳两地的"九莲灯"比较研究 [J]. 戏剧之家，2018，（11）：150.

[40] 孙红红. 非遗文化与群众文化活动的融合路径探讨 [J]. 牡丹，2023，（22）：102-104.

[41] 孙凯，王楝，李泽亭，苗振良. 标准在非物质文化遗产保护中的作用探究 [J]. 品牌与标准化，2022，（S2）：43-45.

[42] 童拉格. 文化站与群众文化的基层建设探索 [J]. 时代文学，2015（14）：199.

[43] 王凤乐. 非遗文化保护传承在群众文化活动中的作用研究 [J]. 黄河. 黄土. 黄种人，2023，（18）：75-77.

[44] 王良. 非遗文化与群众文化活动的融合 [J]. 文化产业，2019，（23）：42-43.

[45] 温生萍. 群众文化与非物质文化遗产保护的有机整合 [J]. 中国民族博览，

2024,（02）：54-56.

[46] 谢春. 非物质文化遗产保护理念的当代变迁 [J]. 艺术传播研究, 2024, （01）：32-40.

[47] 谢莉. 群众文化的社会功能和文化价值研究 [J]. 中国民族博览, 2023, （16）：69-71.

[48] 徐鹏. 文化馆在非物质文化遗产保护中的作用与实践 [J]. 对联, 2023, 29（02）：20-22.

[49] 徐阳. 群众文化工作启新程 [J]. 文化产业, 2024, （09）：28-30.

[50] 严海燕. 群众文化活动的时代价值及其管理创新 [J]. 新楚文化, 2022, （08）：85-88.

[51] 杨灿. 浅谈非物质文化遗产与群众文化有机整合的策略 [J]. 参花, 2024, （11）：146-148.

[52] 杨海云. 论县级文化馆在非物质文化遗产保护中的作用 [J]. 传媒论坛, 2019, 2（18）：161+163.

[53] 杨一帆, 梁晨, 耿玥. 浅析河南非遗舞蹈的表演特点及发展——以南阳市镇平县《九莲灯》为例 [J]. 参花（下）, 2019, （12）：60-61.

[54] 袁书春. 群众文化与非遗保护有效整合的策略 [J]. 参花, 2024, （06）：143-145.

[55] 苑潇卜. 谈谈非物质文化遗产保护理念的几个关键性问题 [J]. 侨园, 2021, （05）：61.

[56] 张宝杰. 技术革新助力群众文化活动焕发新活力 [J]. 文化产业, 2024, （10）：115.

[57] 张秉福. 论大数据背景下非物质文化遗产的传承与发展 [J]. 中原文化研究, 2020, 8（05）：58-65.

[58] 张丰. 群众文化辅导中手机摄影教学的一些思考 [J]. 文化月刊, 2023, （09）：108.

[59] 张庆华. 群众文化的社会功能和文化价值分析 [J]. 黄河. 黄土. 黄种人, 2022, （01）：14-15.

［60］张兆林. 我国非物质文化遗产保护理念的变迁及其现实问题［J］. 齐齐哈尔大学学报（哲学社会科学版），2013，（01）：22-25.

［61］张致嘉. 群众文化工作的实践与思考［J］. 大舞台，2012（3）：267.

［62］张忠祯，毛海中. 新形势下群众文化工作的创新发展探究［J］. 参花，2024，（12）：116-118.

［63］张卓杰. 略论立足文化事业的当代方志文化发展进路［J］. 新疆地方志，2024，（01）：18.

［64］周妍黎，张衡. 非物质文化遗产产业化传承机理探究［J］. 湖南包装，2023，38（05）：27-29.

［65］朱璟怡，方琛，孟庆林. AR 技术在非物质文化遗产数字化推广中的应用［J］. 艺海，2018，（04）：111-113.

［66］齐一放. 特色文化产业的县域突围［D］. 济南：山东大学，2013：37-86.

［67］张琰. 探析人类口述非物质文化遗产的视觉表达［D］. 重庆：重庆大学，2013：1.

附　　录

一、国家级非遗传承人及其开发文创产品

图1　国家级非遗镇平玉雕-石英岩质金丝平安扣

设计、制作者：仵海洲、仵丹

图2　国家级非遗镇平玉雕-和田玉立体十二生肖吊坠

设计、制作者：仵海洲、仵丹

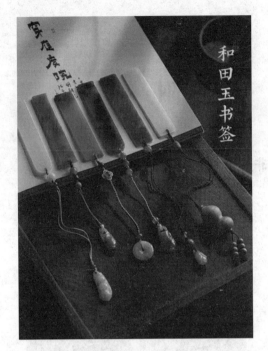

图3　国家级非遗镇平玉雕–和田玉书签

设计、制作者：仵海洲、仵丹

二、省级非遗传承人及其开发文创产品

图4　省级非遗镇平（侯氏）布艺编制技艺–五福临门牛皮包

设计、制作者：侯显珍、赵艳华、闫飞雪

图 5　省级非遗镇平（侯氏）布艺编制技艺–布老虎

设计、制作者：侯显珍、赵艳华、闫飞雪

图 6　省级非遗镇平玉雕——独山玉《花开富贵》吊坠

设计、制作者：刘晓强

图 7　省级非遗镇平玉雕——梅花玉《溪山·石瓢壶》

设计、制作者：刘晓强

图 8　省级非遗镇平玉雕——独山玉《瑞兽天赐》印章

设计、制作者：刘晓强

三、县级非遗传承人王春会开发文创产品

图 9　县级非遗手工玉刻中医文化技艺–碧玉，

微雕阿弥陀佛如意锁（正面）

设计、制作者：王春会，王星允

图 10　县级非遗手工玉刻中医文化技艺–碧玉，

微雕阿弥陀佛如意锁（反面）

设计、制作者：王春会，王星允

图 11　县级非遗手工玉刻中医文化技艺–和田玉，金玉满堂

设计、制作者：王春会，王星允

图 12　县级非遗手工玉刻中医文化技艺–和田玉，中华龙

设计、制作者：王春会，王星允

图 13　县级非遗手工玉刻中医文化技艺–汉白玉，仲景娇耳

设计、制作者：王春会，王星允